Découvrir
la philosophie contemporaine

Marc Le Ny

Découvrir
la philosophie contemporaine

EYROLLES

Groupe Eyrolles
61, bd Saint-Germain
75240 Paris Cedex 05
www.editions-eyrolles.com

Mise en pages : Facompo
Avec la collaboration d'Irène Lainey

© Groupe Eyrolles, 2009
ISBN : 978-2-212-54321-6

*À Philippe Danino
pour sa confiance*

*À Pierre Marcovits
et Roland Stehlin
pour leur aide*

Sommaire

Introduction

Le but de cet ouvrage n'est pas d'embrasser la philosophie contemporaine mais, plus modestement, de la faire découvrir. Il ne s'agit pas d'une recension intégrale des œuvres des philosophes du XXe siècle. Nous n'avons aucune prétention encyclopédique ou universitaire. Une telle entreprise, qui exigerait un travail exorbitant de lecture et de synthèse dépassant les possibilités d'un seul auteur, serait austèrement exhaustive et laborieusement détaillée. On fait découvrir quelque chose – un secret, un trésor – à celui qui en ignore tout. Ce bref essai s'adresse donc en priorité à ceux qui ne connaissent ni la philosophie en général ni ses développements contemporains. Il vise à faire connaître et comprendre les œuvres et les enjeux majeurs de la réflexion philosophique du XXe siècle à ceux qui en auraient la curiosité, en proposant un panorama introductif. Il s'agit de présenter non le pays réel mais une carte déchiffrée, non tous les plis d'un corps mais son ossature ferme et ses lignes de force. Les raccourcis et les omissions constituent le prix à payer. Aussi, aux yeux du spécialiste de tel auteur ou de tel courant philosophique, tout comme de l'historien érudit, le propos semblera imprécis, voire insuffisant. Mais aux yeux du néophyte, la philosophie contemporaine, qui était un nom intimidant, aura dorénavant une réelle silhouette. Diderot trouvait précieux de « rendre la philosophie populaire » et Belaval souhaitait du philosophe qu'il ait le tact d'écrire sans jargonner dans une langue compréhensible à tous. On placera sous leur double autorité le projet de rendre accessible à quiconque voudra s'y intéresser la philosophie de notre temps. Nous disposons de peu de pages et il y a beaucoup à dire. Selon le mot d'Alain Badiou (*Le Siècle*), « procédons à la vitesse d'une machine à vapeur historique » – et commençons.

Comprendre la philosophie contemporaine : mode d'emploi

Ce livre a pour objectif de vous faire découvrir sur un ton simple et accessible les grandes étapes de l'histoire de la pensée en Occident. Nous avons donc opté pour une présentation claire que vous retrouverez de chapitre en chapitre :

« Vous avez dit... ? »

Sous ce titre, vous trouverez la définition de nombreux termes philosophiques utilisés au fil du texte. Il s'agit du vocabulaire philosophique indispensable pour lire et comprendre la philosophie contemporaine. L'index qui figure en fin d'ouvrage vous permettra de retrouver rapidement l'emplacement de toutes les définitions.

« Pour aller plus loin »

Cette rubrique vous propose une sélection d'ouvrages pour approfondir le sujet traité. À chaque fois, vous y trouverez une liste des œuvres des philosophes (dans l'édition qui nous semble la mieux faite), ainsi qu'une liste de commentaires et d'études qui vous permettront d'approfondir le sujet.

« ... en questions »

Chaque chapitre se clôt par un encadré dans lequel vous sont proposés différents quiz, devinettes et exercices. Vous pourrez ainsi vérifier que vous avez bien compris les notions abordées, mémoriser les informations du chapitre et découvrir au passage ce qu'ont dit sur le même sujet d'autres philosophes.

Dans un souci de clarté, nous avons adopté les guillemets français pour encadrer toutes les mots, phrases ou expressions qui sont des citations et les guillemets à l'anglaise pour souligner certains mots ou expressions que nous voulions mettre en évidence dans le corps du texte.

■ ■ ■

Chapitre 1

S'orienter dans la philosophie contemporaine

« Celui qui appartient véritablement à son temps, le vrai contemporain, est celui qui ne coïncide pas exactement avec lui ni n'adhère à ses prétentions et se définit en ce sens comme inactuel. »

Giorgio Agamben, *Qu'est-ce que le contemporain ?*

La philosophie plonge ses racines historiques dans l'Antiquité grecque et romaine, se poursuit au Moyen Âge et à l'époque moderne et connaît des développements originaux et complexes au XXe siècle. À l'époque contemporaine, elle se caractérise par une importante diversité d'œuvres et d'auteurs, de langues et de styles. Indissociable des événements inédits du XXe siècle – guerres mondiales, révolutions, génocides, bouleversements scientifiques, techniques et artistiques –, la philosophie est fille de notre temps. Enfin, par les débats qui l'animent actuellement, elle demeure vivante et ouverte. C'est pourquoi il est nécessaire de prendre des repères pour s'orienter dans la philosophie contemporaine.

Pourquoi s'orienter ?

Au premier abord, la philosophie contemporaine se caractérise par une très importante diversité.

- Diversité des auteurs et des courants, d'abord : des philosophies analytiques au courant existentiel, de la phénoménologie aux épistémologies des sciences récentes, la philosophie contemporaine est riche, multiple, arborescente. Elle présente, comme des efflorescences, des œuvres singulières, souvent inclassables, qui dialoguent entre elles et avec la tradition dont elles proposent de nouvelles lectures.

  Des objets philosophiques inédits apparaissent grâce, notamment, à la phénoménologie et aux philosophies existentielles qui s'ouvrent aux aspects les plus concrets de l'existence. La philosophie élargit son horizon. Pour comprendre ce trait de la philosophie contemporaine, il faut rappeler qu'auparavant la philosophie se définissait de manière plus stricte, comme une théorie de la connaissance (métaphysique, logique) que prolongeait une éthique (sagesse), voire une philosophie politique.

- Diversité des écritures, ensuite : outre les formes traditionnelles de l'exposition systématique, dont Hegel est le grand représentant au siècle précédent, l'écriture philosophique s'est enrichie de formes nouvelles : Wittgenstein classe ses thèses selon une hiérarchie numérique ; le fragment, l'aphorisme, voire le poème, sont pratiqués par de nombreux auteurs ; l'essai libre, enfin, dégagé de toute ambition de "faire système", est une forme privilégiée qui sied à de nombreux philosophes.

- Diversité des langues, enfin : outre les langues européennes – le français, l'allemand –, de nouvelles langues apparaissent qui correspondent à l'émergence de cultures et de pays nouveaux dans l'histoire de la philosophie. Pour éviter qu'une telle pluralité d'expressions n'enferme pas chaque philosophie nationale dans le cadre étroit de son territoire, il faut qu'une langue commune permette les échanges. C'est l'anglais qui devint progressivement la langue principale de la production philosophique et scientifique, et prit la place qu'occupait, par exemple, le latin au Moyen Âge. Les événements historiques du XXe siècle ne sont pas étrangers à ces métamorphoses : la Seconde Guerre mondiale a ainsi provoqué un exil des philosophes et des scientifiques européens vers les États-Unis, notamment.

Il paraît impossible d'ordonner cette diversité selon un schéma unitaire. La pluralité des pensées contemporaines ne suit pas un développement homogène. Ne pourrions-nous pas dire à la limite qu'il n'y a pas une histoire mais des histoires de la philosophie contemporaine, des philosophies contemporaines ? Vivantes et ouvertes aux interprétations qui tentent d'unifier les développements récents, elles sont en train de s'écrire. Le risque est donc grand d'être désorienté face à un tel foisonnement "végétalisant". Le XXᵉ siècle philosophique n'est pas un siècle simple. C'est pourquoi il est nécessaire de disposer d'un certain nombre de repères pour s'orienter. Le premier éclaircissement qu'il faut apporter concerne le sens de l'expression « philosophie contemporaine ». Constitue-t-elle un progrès par rapport aux philosophies du passé ?

Quelques définitions

▪ Philosophie et progrès

Y a-t-il un progrès en philosophie ? Les vérités philosophiques sont-elles comparables aux vérités scientifiques ? Dans le domaine scientifique, les choses semblent en effet plus claires. Pour apprendre, par exemple, la science astronomique, on délaisse les théories passées : ce serait apprendre des erreurs en partie corrigées par les développements modernes de l'astronomie. L'histoire de la science est, en ce sens, selon le mot de Bachelard, l'histoire des erreurs :

« *L'histoire des sciences est l'histoire des défaites de l'irrationalisme.* »

Bachelard, *L'Activité rationaliste de la physique contemporaine*

S'il en était de même en philosophie, la philosophie contemporaine amenderait les philosophies du passé. Il n'en est rien. La philosophie se présente comme l'effort de la pensée rationnelle pour approfondir les problèmes que posent un certain nombre de questions.

Vous avez dit « problèmes » ?

Par problème, on entend le fait qu'une question puisse recevoir différentes réponses entre lesquelles il convient de trancher par un examen approfondi et réflexif. Un problème philosophique est une question théorique difficile qui n'aboutit pas sur une réponse univoque. La réponse apportée à un problème de mathématique ou à un problème pratique (technique) abolit le problème et d'une manière générale une réponse fait disparaître la question qui l'a suscitée. Tel n'est pas le cas pour les problèmes philosophiques. Ainsi le problème de la liberté (l'homme est-il libre et en quoi consiste précisément cette liberté ?) est toujours un problème philosophique pertinent pour nous quoi qu'il ait déjà été réfléchi et médité par les philosophes du passé. Leurs réponses nous permettent d'orienter et de nourrir notre propre pensée – et c'est précisément pourquoi ils ne sont pas dépassés.

Comme le souligne Jaspers :

« En philosophie, les questions sont plus importantes que les réponses, et chaque réponse devient une nouvelle question. »

Jaspers, *Introduction à la philosophie*

C'est pourquoi l'étude des questions philosophiques ne peut se couper de l'histoire de la philosophie, c'est-à-dire des différentes manières dont les philosophes du passé ont examiné ces questions. Penser, ce n'est pas apprendre passivement une vérité découverte par un savant, c'est une activité qu'on accomplit soi-même ; mais penser par soi-même, ce n'est pas penser seul. La philosophie implique que l'on se réapproprie par la réflexion les pensées des philosophes qui nous précédèrent. C'est peut-être la raison pour laquelle l'expression de "philosophie contemporaine" semble composée de deux termes contradictoires.

Qu'entend-on par "philosophie contemporaine" ?

La philosophie se présente comme une activité inactuelle. N'est-ce pas en se soustrayant aux urgences du quotidien, en suspendant les préoccupations pratiques et concrètes de la vie sociale et politique, que le philosophe peut se consacrer aux éternelles questions fondamentales, abstraites et spéculatives – Qu'est-ce que l'homme ? Qu'est-ce que la vérité ? Quelles sont les relations entre l'âme et le corps ? Pouvons-nous être heureux ? – qui font la philosophie… ? Ne sommes-nous pas en droit, pour trouver

© Groupe Eyrolles

des éléments de réponse à ces "grandes questions", de puiser indifféremment dans les œuvres de Platon ou de Husserl sans faire entre elles de différence historique ?

L'expression de "philosophie contemporaine" n'est donc guère pertinente. Il faudrait plutôt parler de "la philosophie", entendue comme l'ensemble des problématiques, des thèses et des arguments des auteurs du passé que les philosophes actuels sollicitent et se réapproprient. Philosopher reviendrait à étudier les grandes œuvres et les réponses originales que chaque philosophe propose aux mêmes sempiternelles questions. En ce sens, la découverte de la philosophie contemporaine ferait défiler les unes après les autres les réponses des philosophes ayant vécu au XXe siècle aux questions universelles du sens de la vie, du bien et du mal, de la vérité ou du meilleur régime politique, par exemple.

■ L'histoire de la philosophie

En quel sens alors pouvons-nous parler d'une philosophie du XXe siècle ? Une première réponse donnerait à l'adjectif « contemporain » un sens strictement descriptif. La philosophie contemporaine, de ce point de vue, est l'ensemble des œuvres philosophiques écrites entre 1900 et 2000 ou, dans une acception large, jusqu'à nos jours. On déterminerait ainsi une époque et *ipso facto* un corpus clos et déterminé. Écrire une histoire de la philosophie contemporaine reviendrait alors à présenter clairement les courants et les œuvres qui se dessinent comme les massifs d'un paysage. C'est incontestablement une dimension de cet ouvrage.

Il faut d'ailleurs reconnaître que la connaissance de l'histoire de la philosophie n'a jamais été ni aussi exhaustive ni aussi précise qu'au XXe siècle. Kant (1724-1804) n'avait qu'une idée vague de l'histoire de la philosophie antique. La philosophie contemporaine apporte indéniablement une connaissance beaucoup plus précise des œuvres du passé. La connaissance de l'histoire de la philosophie ne serait-elle pas alors une des dimensions de la philosophie contemporaine ? De fait, l'activité philosophique est dorénavant solidaire de la perspective historique dans laquelle chaque philosophe se place.

Critiquer, connaître, comprendre

La critique de la raison et de l'idéalisme

Cette perspective historique de la philosophie contemporaine est confirmée par le fait que celle-ci est essentiellement une philosophie critique : la critique de la raison, de l'idéalisme, de la notion moderne de sujet, de la culture sont autant d'aspects récurrents. La rationalité, au XXᵉ siècle, est mise en crise. On s'interroge sur ses fondements, on soupçonne qu'elle ne puisse plus porter un projet d'émancipation. L'idéal des Lumières – celui d'une raison permettant le progrès – est obscurci. Les mathématiques et la logique voient leurs fondements remis en cause (voir chapitres 2 et 3). La science elle-même est bouleversée par des changements majeurs et critiquée (voir chapitres 2 et 4). La philosophie, sous les coups des nouvelles sciences et du positivisme, considérée comme une métaphysique spéculative qui ne peut plus concurrencer l'activité scientifique, est démantelée. Certains parlent d'un âge postmoderne (Jean-François Lyotard, 1924-1998 ; *La Condition postmoderne*, 1979) pour caractériser la situation de la philosophie contemporaine.

Philosophie analytique *versus* philosophie continentale : une fausse opposition

Parmi les histoires de la philosophie contemporaine, l'opposition entre ces deux traditions a trouvé un certain écho. La philosophie analytique, essentiellement anglaise et américaine, prend sa source dans l'analyse logique des propositions (voir chapitre 3). Elle prétend importer une exigence de scientificité dans l'activité philosophique qu'elle définit comme une argumentation rigoureuse, claire et minutieuse. Les œuvres limitent leur prétention à l'exposé de thèses et d'arguments faisant abstraction de la situation historique des problématiques. Cette tradition philosophique s'oppose de manière polémique à ce qu'elle-même appelle la philosophie continentale (essentiellement française et allemande), censée être moins rigoureuse (délaissant la littéralité pour une expression plus métaphorique) et proposant une compréhension du monde plus profonde et plus sensible à l'inscription historique et culturelle des problématiques.

Il n'en reste pas moins que cette distinction est relativement volatile et qu'on lui accorde de moins en moins de valeur. D'une part, les philosophes « analytiques » se laissent eux-mêmes tentés par des constructions métaphysiques (Goodman, Whitehead) ; d'autre part, les deux traditions reconnaissent qu'elles partagent, de fait, les mêmes objets d'interrogation : le langage, l'action... Par ailleurs, la philosophie analytique est elle-même plurielle. Par exemple, la deuxième philosophie analytique critique la prétention de parvenir à des propositions analytiques absolument claires. Enfin, on ne voit pas ce qui fonderait de telles traditions nationales à l'époque où, justement, les auteurs et les courants ne cessent de dialoguer entre eux.

Les métamorphoses de la vérité

La philosophie, comme pensée rationnelle réflexive, a pour question cardinale le problème de la vérité. C'est en ce sens qu'elle se distingue d'ailleurs de la science. La géologie, les mathématiques, la physique sont des sciences particulières en ce qu'elles étudient un objet spécifique (la terre, les nombres, la nature) selon une méthode qui leur est propre. La philosophie vise la connaissance comme telle. Elle ne se réduit pas à une activité de découverte de vérités partielles et de résultats positifs – comme tel savant s'y consacre dans le cadre restreint de sa science particulière – mais aspire au contraire à comprendre l'acte de connaissance en tant que tel. Il ne s'agit pas de découvrir des vérités mais de fonder la possibilité de la vérité. Il n'y a pas de philosophie qui ne réponde peu ou prou à la question : comment connaît-on ? Toute philosophie vise à fonder la connaissance, c'est-à-dire à assurer rationnellement la légitimité et la possibilité de la vérité en tant que telle. La vérité est au cœur de la philosophie. Cette question est l'ossature principale des développements contemporains.

L'essor considérable des sciences depuis le XIXe siècle et des sciences humaines au XIXe siècle – cet incroyable progrès est une des caractéristiques essentielles de notre époque – s'est accompagné du positivisme (voir chapitres 2, 3 et 4).

Vous avez dit « positivisme » ?

On doit le terme de « positivisme » à la philosophie d'Auguste Comte (1798-1875). Contre les spéculations théologiques et métaphysiques, il défendait l'idée que la science véritable devait réduire ses prétentions à ne connaître que les relations observables entre les phénomènes (formulées sous forme de lois) et renoncer à la recherche des raisons ultimes du monde comme à celle des causes véritables des phénomènes.

En comparaison des résultats positifs considérables des sciences, le positivisme relègue la philosophie au rang d'une métaphysique spéculative, d'une forme ancienne et obsolète de connaissance. Certains en prédisent la "fin"... d'autres la réduisent à une forme futile de poésie ! La philosophie sera donc traversée tout au long du siècle par une réflexion critique particulièrement aiguë sur la notion de vérité, réflexion qui aura de nombreux visages : phénoménologie, herméneutique, pragmatisme (voir chapitres 4, 7 et 8) et qui remettra sans cesse en question la philosophie elle-même. Cette question de la vérité conduira à une philosophie du langage.

Vous avez dit « métaphysique spéculative » ?

Le positivisme condamne la philosophie, qu'il qualifie de « métaphysique spéculative », en affirmant que les problèmes qu'elle développe sont des pseudo-connaissances sans fondement.

▪ Philosopher ou comprendre le monde

Des préoccupations épistémologiques des années 1900 (logicisme, philosophie analytique, réflexion sur les évolutions contemporaines des sciences) aux philosophies des dernières décennies, l'intérêt pour les enjeux historiques, moraux et politiques s'est accru de manière remarquable. Réflexive, la philosophie est toujours seconde par rapport à la réalité individuelle, sociale ou historique d'où elle s'élance. Si le savant restreint ses recherches théoriques sans considérer le monde qui l'entoure – sans s'interdire de sortir de son laboratoire : Einstein fut président de la Ligue internationale des droits de l'homme en 1928 –, le philosophe, lui, est profondément raccordé au monde de la vie. C'est ce monde de la vie qui le provoque ; ce sont les problèmes du monde de la vie auxquels il réfléchit. Certes, il ne cherche pas à trouver des solutions pratiques – le temps de la pensée n'est pas celui de l'invention technique, de l'engagement partisan ou de la production d'œuvres. Comme le dit Hannah Arendt, dans un très beau propos :

« *Nous sommes contemporains seulement de ce que nous réussissons à comprendre. Si nous voulons être chez nous sur cette Terre, fût-ce au prix d'un accord avec notre siècle, nous devons nous efforcer de prendre part à ce dialogue sans fin avec l'essence de ce monde.* »

Hannah Arendt, *La Nature du totalitarisme*,
« Compréhension et politique »

La philosophie a pour tâche de comprendre le monde. Elle est au plus près de son temps. Elle habite le cœur du siècle. En ce sens, la philosophie contemporaine s'est opiniâtrement posé la question de savoir quel est ce siècle inédit que nous vivons. Telle est justement la seconde ligne de force de la philosophie contemporaine. Elle est tout entière saisie par le siècle qui la porte. Nous sommes à la hauteur de notre époque et de notre siècle à condition de les comprendre. Dans cet esprit, nous pouvons dire que toute philosophie qui ne s'arrimerait pas aux événements significatifs du XXᵉ siècle ne mériterait pas le nom de "philosophie contemporaine". Ainsi, la diversité foisonnante des auteurs, des écoles comme des écritures, l'enracinement dans l'histoire passée de la philosophie, la question de la vérité et du langage, l'aspiration à la compréhension du monde du XXᵉ siècle sont les quatre grands traits de la philosophie contemporaine.

Pour aller plus loin

Noëlla BARAQUIN et Jacqueline LAFFITTE, *Dictionnaire des philosophes*, Armand Colin, 2007.

Noëlla BARAQUIN et Jacqueline LAFFITTE, *Dictionnaire de philosophie*, Armand Colin, 2005.

François CHÂTELET, *Une Histoire de la raison*, Éd. du Seuil, 1985.

André COMTE-SPONVILLE, *Présentations de la philosophie*, Albin Michel/Le Livre de Poche, 2000.

Gilles DELEUZE et Félix GUATTARI, *Qu'est-ce que la philosophie ?*, Éd. de Minuit, 1994.

Dominique FOLSCHEID, *Les Grandes Dates de la philosophie classique, moderne et contemporaine*, Que sais-je ?, 1998.
Witold GOMBROWICZ, *Cours de philosophie en six heures un quart*, Éd. Payot et Rivages, 1995.
Jean LACOSTE, *La Philosophie au XXe siècle. Introduction à la pensée philosophique contemporaine*, Hatier, 1988.
Géraldine MAUGARS, *500 QCM de philosophie*, Studyrama, 2008.
Maurice MERLEAU-PONTY (dir.), *Les Philosophes de l'Antiquité au XXe siècle. Histoire et portraits*, Le Livre de poche, 2006.
Roger POUIVET, *Philosophie contemporaine*, PUF, 2008.
Jacqueline RUSS, *La Marche des idées contemporaines*, Armand Colin, 1994.

« S'orienter dans la philosophie contemporaine » en questions

Qui l'a dit ?

Saurez-vous reconnaître, parmi la liste des noms proposés, les auteurs des citations suivantes ?

1. « En philosophie les questions sont plus importantes que les réponses, et chaque réponse devient une nouvelle question. »

2. « Nous sommes contemporains seulement de ce que nous réussissons à comprendre. »

3. « La valeur de la philosophie doit être cherchée pour une bonne part dans son incertitude même. Celui qui n'a aucune teinture de philosophie traverse l'existence, emprisonné dans les préjugés qui lui viennent du sens commun, des croyances habituelles à son temps et à son pays, et des convictions qui se sont développées en lui sans la coopération ni le consentement de sa raison. Pour un tel individu, le monde est sujet à paraître précis, fini, évident : les objets habituels ne lui posent aucune question et les possibilités non familières sont dédaigneusement rejetées. Dès que nous commençons à philosopher, au contraire, nous trouvons que même les choses les plus ordinaires de la vie quotidienne conduisent à des problèmes auxquels nous ne pouvons donner que des réponses très incomplètes. La philosophie, bien qu'elle ne soit pas en mesure de nous dire avec certitude quelle est la vraie réponse aux doutes qu'elle élève, peut néanmoins suggérer diverses possibilités qui élargissent le champ de nos pensées et les délivrent de la tyrannie de la coutume. Tout en diminuant notre certitude à l'égard de ce que sont les choses, elle augmente beaucoup notre connaissance à l'égard de ce qu'elles peuvent être ; elle repousse le dogmatisme quelque peu arrogant de ceux qui n'ont jamais pénétré dans la région du doute libérateur et garde vivace notre sens de l'étonnement en nous montrant les choses familières sous un aspect non familier. »

Auteurs :

A. Jaspers

B. Kant

C. Russell

D. Merleau-Ponty

E. Arendt

QCM

1. Pourquoi ne peut-on pas parler de progrès en philosophie comme on peut le faire en science ? Parce que la philosophie...

A. ne cherche pas la vérité.

B. ne progresse pas comme les sciences.

C. est l'effort pour penser des problèmes indécidables.

2. Pourquoi est-il nécessaire de s'orienter dans la philosophie contemporaine ? Parce qu'elle est...

A. confuse.

B. d'une grande diversité de courants.

C. d'une grande diversité d'auteurs.

D. encore en train de s'écrire actuellement.

3. Qu'est-ce que la philosophie contemporaine ?

A. Il n'y a pas de philosophie contemporaine car la philosophie est intemporelle.

B La philosophie du XXe siècle.

C. Le projet de comprendre notre époque.

D. La philosophie de Contempo.

Réponses en page 193.

Chapitre 2

Épistémologies, sciences et philosophie

Au fil des progrès de la science, des sciences particulières se détachent de la philosophie. Ce qui était des parties de la philosophie se constituent en disciplines autonomes. La science physique, la biologie, la psychologie, la sociologie, par exemple, se constituent progressivement en des disciplines distinctes de la philosophie. Ce mouvement commence au XVIIe siècle pour les sciences de la nature, et au XIXe pour les sciences humaines. La spécialisation et la technicité caractérisent dorénavant les différents domaines du savoir : la philosophie se trouve exclue de ses anciennes prétentions à fonder et à rassembler de manière encyclopédique tout le savoir humain.

L'essor des sciences exactes

Revenons brièvement sur l'évolution des différents rapports, historiquement complexes, qui ont existé entre ce que nous appelons aujourd'hui la science et la philosophie. Si par science nous entendons un savoir méthodique et rationnel du monde ou d'une réalité intelligible (comme les mathématiques par exemple), alors la philosophie, au moment où elle apparaît, *est* la science. Aristote a écrit sur la biologie, la logique, la physique, la métaphysique – l'étude des principes ultimes du savoir et du monde –, la morale, la politique, l'économie... La philosophie des stoïciens comprend une éthique, une physique et une logique. Il n'y a aucune séparation entre ces "sciences" et la philosophie. La philosophie est la somme organisée et réfléchie des connaissances humaines.

Disons ensuite qu'à partir de la modernité apparaît la science moderne, qui est une science expérimentale (s'appuyant sur l'expérience et plus seulement sur la raison). Cette science moderne (la physique de Galilée, de Newton, la chimie de Lavoisier...) s'appuie sur une critique du caractère spéculatif de la philosophie (qu'on rejette comme étant une vaine métaphysique). La philosophie doit abandonner sa prétention à produire des vérités scientifiques et opère une conversion. Elle devient critique, et notamment de la science. C'est finalement un fil rouge qui court tout le siècle. La phénoménologie, l'existentialisme, l'herméneutique proposent de dépasser la réduction de la vérité à la vérité scientifique moderne.

Vous avez dit « épistémologie » ?

L'épistémologie est l'étude rationnelle (du grec *logos*), la critique et la compréhension de la science (du grec *épistémé*). Le terme apparaît pour la première fois au milieu du XIXᵉ siècle et son emploi deviendra courant au siècle suivant. Son apparition correspond à une extension de sa signification. En fait, il désigne deux aspects (clairement distingués en langue anglaise) : d'une part l'étude de la connaissance en générale (*epistemology*), et en ce sens l'épistémologie est aussi ancienne que la philosophie, et d'autre part l'étude des fondements, des méthodes et des résultats scientifiques (*philosophy of science*). Ce second sens surgit à l'époque contemporaine pour accompagner les développements des sciences et les questions soulevées par les bouleversements théoriques. Ainsi l'essor des sciences contemporaines ouvre, sous le nom d'épistémologie, un champ d'étude philosophique nouveau.

La première moitié du XXᵉ siècle est marquée, d'une part, par de multiples bouleversements dans différentes sciences fondamentales : science physique, biologie, logique et mathématiques, et, d'autre part, par l'apparition d'un néo-positivisme : le positivisme logique du Cercle de Vienne. La seconde moitié du XXᵉ siècle prendra acte de ces bouleversements. Elle verra le développement d'une épistémologie au caractère plus modeste et plus historique, qui émerge cependant dès les années trente à partir d'une critique du néo-positivisme. Selon le mot de Bachelard, la philosophie ne fonde plus la science mais :

« *La science crée de la philosophie.* »

Gaston Bachelard, *Le Nouvel Esprit scientifique*

Au XXᵉ siècle, la biologie est en plein essor : après Mendel (1822-1884), dont on redécouvre alors l'importance, Thomas Morgan (1866-1945) pose les bases de la génétique (*La Théorie des gènes*, 1926) tandis que Watson et Crick mettent en évidence la structure de l'ADN. On prend conscience que l'évolution des espèces procède par discontinuités brusques. Ces découvertes relancent l'épistémologie des phénomènes vitaux.

C'est surtout en science physique que des bouleversements importants ont lieu. Avec la théorie de la relativité générale d'Einstein (1879-1955), le développement de la physique ondulatoire (Erwin Schrödinger, 1887-1961, et Louis de Broglie, 1892-1987) et de la théorie quantique de la matière (Max Planck, 1858-1947, Werner Heisenberg, 1901-1976 et Niels Bohr, 1885-1962), la compréhension de la réalité change. En effet, la science physique du XXᵉ siècle, née des efforts de Newton (1643-1727), concevait la réalité matérielle comme une réalité continue et prédictible. La science physique contemporaine fait apparaître l'importance des discontinuités et la difficulté, à certains niveaux de réalité (au niveau atomique) d'une prédiction assurée des phénomènes. Les certitudes du positivisme sont ébranlées. Le « rationalisme » de la science sera soumis à une révision théorique assurée, notamment, par Popper et Bachelard, et, dans un premier temps, par le Cercle de Vienne.

Le positivisme logique du Cercle de Vienne

Qu'est-ce que le *Wiener Kreis* ou Cercle de Vienne ? Il se constitue autour de Moritz Schlick (1881-1936), Kurt Gödel (1906-1978), Hans Reichenbach (1891-1953), Otto Neurath (1882-1945), Hans Hahn (1879-1934), Friedrich Waismann (1896-1959) et Rudolf

Carnap (1891-1970). Le Cercle de Vienne fut actif de 1922 à 1938, date à laquelle l'Anschluss contraignit ses membres à l'exil. En 1929, ils publient un manifeste : *La Conception scientifique du monde*. Retenons aussi *La Construction logique du monde* (1928) de Carnap, l'une des œuvres maîtresses de ce courant.

▪ Un positivisme fondé sur l'analyse logique du langage

Le Cercle de Vienne réunit des philosophes et des scientifiques autour d'un projet commun qui vise à restaurer la rationalité scientifique face aux difficultés rencontrées au début du siècle. Les membres du Cercle défendent une conception empiriste et positiviste de la vérité. L'originalité vient du rôle nouveau qu'ils accordent à l'analyse logique du langage (voir chapitre 3). En ce sens, la doctrine du Cercle de Vienne accompagne le développement du logicisme de Frege, Russell et Wittgenstein. Ces deux traits principaux justifient que l'on nomme cette théorie de la science un positivisme logique ou encore un empirisme logique.

Vous avez dit « empirisme » ?

L'empirisme s'oppose classiquement à l'idéalisme comme deux conceptions différentes de la connaissance humaine. Pour l'empiriste, le savoir a pour source principale l'expérience. À l'inverse, pour l'idéalisme, la connaissance s'enracine dans la raison. Il y a différentes formes d'empirisme. Ainsi, pour David Hume (1711-1776), toutes nos idées se décomposent en impressions élémentaires qui les précèdent.

Pour le Cercle de Vienne, l'empirisme est légitime. La connaissance authentique repose sur des faits. À l'empirisme classique, il rajoute le postulat suivant : la scientificité d'une théorie doit être vérifiée à partir d'une analyse interne de ses énoncés. Il convient ainsi de mettre entre parenthèses le contexte historique, culturel, voire sociologique, du travail des savants. Partant de là, la science ne doit reconnaître comme vraies que les propositions empiriques, c'est-à-dire celles qui sont susceptibles d'une vérification par l'expérience et d'une clarification logique :

« Clarifier des problèmes et des énoncés, et non poser des énoncés proprement philosophiques, constitue la tâche du travail philosophique. La méthode de cette clarification est celle de l'analyse

*logique [...]. C'est cette méthode de l'analyse logique qui distingue
essentiellement le nouvel empirisme et le nouveau positivisme de
ceux d'autrefois. »*

Manifeste du Cercle de Vienne

La Société Ernst Mach

Le Cercle de Vienne a tenu à s'appeler « Société Ernst Mach », reconnaissant par là une dette intellectuelle et indiquant une filiation. Ernst Mach (1838-1916) critiqua en effet en son temps la prétention à expliquer tous les phénomènes sur le modèle du mécanisme. Dans *La Connaissance et l'erreur* (1905), il affirme un credo positiviste : la science doit renoncer à rechercher la raison des phénomènes : « Nous devons limiter notre science physique à l'expression de faits observables, sans construire d'hypothèses derrière ces faits, où plus rien n'existe qui puisse être conçu ou prouvé. »

Cependant, il critique l'importance de l'induction dans la recherche scientifique. C'est donc au prix d'un certain malentendu que les auteurs du Cercle de Vienne, qui défendent une conception inductiviste (voir page 30) du travail des savants, purent reconnaître en Mach un précurseur.

▪ Propositions empiriques et énoncés fictifs

Le problème est alors d'être en mesure de distinguer les propositions empiriques de celles qui ne peuvent donner lieu à aucune vérification et qui doivent dès lors être considérées comme des énoncés fictifs, à l'instar des propositions littéraires ou poétiques. Or, l'analyse logique du langage développée par Frege et Russell propose une méthode inédite susceptible de développer cette conception de la rationalité. Une stricte analyse du langage permet en effet de se débarrasser des ambiguïtés des langues naturelles et des spéculations de la métaphysique.

Vous avez dit langue naturelle ?

Par langue naturelle, on entend ici les langues telles qu'elles sont parlées par les différentes communautés humaines. Si elles permettent de communiquer, elles sont le fruit de l'histoire et des traditions et non celui d'un effort rationnel et scientifique.

Sur le modèle de la distinction de Wittgenstein entre différents types d'énoncés (voir page 53), Carnap affirme ainsi que les énoncés logico-mathématiques sont vrais : tautologiques, cohérents et nécessaires, ils ne doivent rien à l'expérience et forment un premier ensemble de propositions ; mais, sans rapport direct avec les faits, ils ne peuvent être corrélés avec l'expérience.

Vous avez dit tautologie ?

Une tautologie est une proposition toujours vraie du fait qu'elle s'affirme elle-même de manière circulaire. Par exemple « A est A » est une tautologie. Dans la langue courante, une tautologie s'apparente à un truisme ou à une lapalissade.

La seconde catégorie d'énoncés comprend les propositions empiriques qui peuvent faire l'objet d'une vérification expérimentale. Pour qu'un énoncé soit doué de sens, il faut qu'il puisse subir l'épreuve de la vérification par l'expérience. Waismann formulera ce principe de vérification :

« *S'il n'existe aucun moyen pour dire quand un énoncé est vrai, alors l'énoncé n'a pas de sens ; car le sens d'une proposition, c'est sa méthode de vérification.* »

Manifeste du Cercle de Vienne

▪ La négation de la métaphysique

Par conséquent, selon Carnap, les énoncés métaphysiques sont des pseudo-énoncés dépourvus de sens puisque, n'étant ni analytiques ni empiriques, ils ne peuvent se prêter à une vérification empirique :

« *Les soi-disant énoncés de la métaphysique sont dépourvus de sens* », étant entendu qu' « *est dépourvue de sens une suite de mots qui ne constitue pas un énoncé à l'intérieur d'une certaine langue. (...) Nous soutenons donc la thèse que les prétendus énoncés de la métaphysique se révèlent à la lumière de l'analyse logique des simili-énoncés.* »

Carnap, *Le Dépassement de la métaphysique*
par *l'analyse logique du langage*

L'empirisme logique retire ainsi aux jugements esthétiques et moraux toute prétention à la vérité – ils n'exprimeraient que des préférences individuelles et subjectives. Il disqualifie les énoncés de la métaphysique :

© Groupe Eyrolles

« Lorsque quelqu'un affirme "il y a un Dieu", "l'Inconscient est le fondement originaire du monde", "il y a une entéléchie [âme] comme principe directeur du vivant", nous ne lui disons pas : "ce que tu dis est faux", mais nous lui demandons "qu'est-ce que tu signifies avec tes énoncés ?". Une démarcation très nette apparaît alors entre deux espèces d'énoncés : d'un côté, les affirmations telles que les formules de la science empirique ; leur sens peut être constaté par l'analyse logique, plus précisément par le retour aux énoncés plus simples portant sur le donné empirique. Les autres énoncés, parmi lesquels ceux qu'on vient de citer, se révèlent complètement dénués de signification quand on les prend au sens où l'entend le métaphysicien. »

Manifeste du Cercle de Vienne

Vous avez dit « scientisme » ?

Le scientisme [ce néologisme a été introduit par Félix Le Dantec (1869-1917) dans son ouvrage *Contre la métaphysique*, 1912] affirme que « la science, créée par l'homme, peut étudier l'homme tout entier » et prétend qu'elle peut « résoudre toutes les questions qui ont un sens ». La science moderne doit être étendue à tous les domaines de la connaissance, ce qui implique une disparition de la philosophie : « le mot de philosophie ne devrait plus avoir, au XXe siècle, d'autre définition que celle du mot science » (*ibidem*). En un mot, le scientiste croit possible que la science moderne parvienne à une connaissance autonome et absolue de la réalité. Le scientisme sera durement critiqué, notamment par Husserl (voir chapitres 4 à 8).

La critique du positivisme logique

La radicalité du positivisme logique l'expose à des critiques non moins radicales. En affirmant que l'inobservable est irréel, que toutes les tentatives métaphysiques de compréhension du monde et de la réalité humaine ne sont que de mauvais poèmes, des pseudo-énoncés qui donnent lieu à de pseudo-problèmes, la doctrine du Cercle viennois faisait preuve d'un scientisme excessif. Ce néo-positivisme repose sur l'empirisme (conviction que la science part des faits) et la logique (l'analyse logique permettant de se débarrasser des énoncés vides et faux). C'est donc sur ces deux fronts qu'il va être critiqué.

Quine et la défense du caractère global du savoir

Dans les *Deux dogmes de l'empirisme* (1951), Quine réfutera le réductionnisme de Carnap. Celui-ci suppose qu'il existe d'authentiques propositions élémentaires qui correspondent univoquement à une réalité empirique, elle-même élémentaire. Quine généralise en fait la critique de Pierre Duhem (1861-1916), expliquée dans *La Théorie physique* (1906) – c'est pourquoi on parle de la « loi Duhem-Quine » –, qui prétend démontrer qu'une expérience ne peut jamais vérifier une seule proposition mais un ensemble d'hypothèses. Le savoir a donc toujours un caractère global :

« La totalité de ce qu'il est convenu d'appeler notre savoir ou nos croyances, des faits les plus anecdotiques de l'histoire ou de la géographie aux lois les plus profondes de la physique atomique ou même des mathématiques pures et de la logique, est une étoffe tissée par l'homme et dont le contact avec l'expérience ne se fait qu'aux contours. »

Quine, *Deux dogmes de l'empirisme*

Au fondement de l'empirisme, le cercle de l'induction

Karl Popper (1902-1994) s'attachera à critiquer l'induction sur laquelle repose l'empirisme. L'induction est censée être la méthode scientifique qui garantit la science contre des affirmations erronées et spéculatives. Précisément, l'induction prétend pouvoir légitimement affirmer une loi universelle à partir de l'observation empirique d'une pluralité de cas particuliers. Par exemple, de ce que j'observe plusieurs corbeaux noirs, je puis induire que « tous les corbeaux sont noirs » :

« Il est courant d'appeler "inductive" une inférence si elle passe d'énoncés singuliers, tels des comptes rendus d'expériences, à des énoncés universels, telles des hypothèses ou des théories »

Popper, *Logique de la découverte scientifique*

Vous avez dit « inférence ? »

Une inférence est une opération logique qui consiste à déduire une proposition d'une proposition antérieure. Elle est un moment du raisonnement.

Or, une telle inférence est illégitime. Aucune raison ne me permet de dire qu'il n'existe pas (ailleurs ou dans le futur) des corbeaux blancs ou d'une autre couleur :

« *Toute conclusion tirée de cette manière peut toujours, en effet, se trouver fausse ; peu importe le grand nombre de cygnes blancs que nous puissions avoir observés, il ne justifie pas la conclusion que tous les cygnes soient blancs.* »

Popper, *La Logique de la découverte scientifique*

L'induction n'est qu'une généralisation empirique de portée réduite. Elle n'est pas logiquement fondée, au contraire de la déduction par la raison. Pour Popper, la science ne peut pas être fondée sur le raisonnement inductif. Celui-ci n'a de valeur que si l'on admet comme principe général la régularité des phénomènes naturels. Or, il est impossible de valider inductivement un tel principe. Il est nécessaire de le postuler *a priori*, c'est-à-dire sans recours à l'expérience, ce qui est inconséquent pour l'empirisme. Il y a donc un cercle vicieux qui invalide la démarche inductive et confirme que l'activité scientifique procède non par induction mais par hypothèses et déductions.

▪ Les émeraudes « vleues » de Goodman

Nelson Goodman (1908-1998), dans *Faits, fictions et prédictions* (1954), formule la « nouvelle énigme de l'induction ». Il décale l'interrogation de la justification de l'induction empiriste à celle de sa définition. Comment se fait-il, se demande-t-il, que nous considérions que certaines propriétés sont susceptibles d'être l'objet d'une induction alors que d'autres nous paraissent ne pas l'être ?

Pour comprendre l'originalité de cette interrogation, passons par son célèbre – et relativement abstrait – exemple fictif et logique qu'on appelle « le paradoxe de Goodman ». Il invente un adjectif de couleur, « vleu », signifiant : « vert jusqu'à une certaine date T et bleu ensuite ». La théorie de l'induction nous apprend qu'à partir de l'observation d'émeraudes vertes nous pouvons induire que « toutes les émeraudes sont vertes ». Or, un tel raisonnement n'est pas valide car la même observation pourrait nous pousser à induire que « toutes les émeraudes sont vleues ». Pourquoi ne pas conclure que les émeraudes appartiennent à la classe des "minéraux changeant rarement de couleur" ? Ce paradoxe a pour but de faire apparaître que les catégories avec lesquelles nous pratiquons l'induction ne correspondent pas a priori à des entités réelles. Autrement dit, les catégories que nous mobilisons pour nos inductions appartiennent à un monde culturel dans lequel nous vivons (ce qu'il appelle l'implantation, *entrenchment*). Goodman critique ainsi le formalisme logique de l'empirisme du Cercle de Vienne et concourt avec ses prédécesseurs à souligner les limites d'une conception strictement empiriste et inductive de la science, ce qui, par rebond, participe à restaurer la légitimité de la réflexion philosophique dont Carnap avait voulu trop rapidement se débarrasser. La science, malgré les résultats importants de ses recherches, apparaît comme une activité plus complexe que le positivisme tend à le faire croire.

L'épistémologie historique

L'essor des différentes sciences contemporaines, la progression fulgurante de leurs résultats, la fécondité théorique enfin dont les disciplines scientifiques ont fait preuve s'accompagnent d'une épistémologie moins normative et plus compréhensive. Il s'agit, pour ces auteurs, qu'on peut ainsi regrouper au sein d'une même famille puisqu'ils partagent une inspiration théorique commune, de comprendre le travail du savant en l'inscrivant dans son contexte historique et culturel.

▪ Kuhn : une histoire institutionnelle et discontinue de la science

Contrairement au positivisme précédent, qui n'abordait la science qu'à travers l'analyse de ses énoncés, Kuhn (1922-1996) estime légitime et fructueux de considérer le contexte historique et culturel du travail scientifique. Il s'agit d'une épistémologie historique et sociologique :

« L'histoire, si l'on consentait à la considérer comme autre chose que le reliquaire de l'anecdote ou de la chronique, pourrait être l'origine d'une transformation décisive de l'image de la science qui aujourd'hui nous possède. »

Kuhn, La Structure des révolutions scientifiques

Il s'agit d'une épistémologie externaliste. Ce terme souligne qu'elle aborde l'activité scientifique non pas seulement à partir du cercle restreint du travail solitaire du savant dans son laboratoire, mais en inscrivant celui-ci dans l'histoire et la communauté scientifique qui le conditionnent.

« Science normale » et changement de paradigme

Dans *La Structure des révolutions scientifiques* (1962), Kuhn propose une compréhension originale de l'histoire de la science qui s'éloigne de la représentation traditionnelle d'un progrès graduel et cumulatif de l'Antiquité jusqu'à la science contemporaine. Il soutient, au contraire, que l'histoire de la science procède par des ruptures et des discontinuités, des révolutions qui aboutissent à un changement de paradigme (*paradigmic shift*).

Kuhn part de la notion de science normale. Elle correspond aux époques où les savants s'appuient sur les théories existantes et reconnues comme valides pour mener à bien des recherches particulières sur tel ou tel aspect encore inexploré d'une théorie :

« Le terme de science normale désigne la recherche solidement fondée sur un ou plusieurs accomplissements scientifiques passés, que tel groupe scientifique considère comme suffisantes pour fournir le point de départ d'autres travaux. [...] La Physique *d'Aristote, l'*Almageste *de Ptolémée, les* Principia *et l'*Optique *de Newton, l'*Électricité *de Franklin, la* Chimie *de Lavoisier et la* Géologie *de Lyell – tous ces livres ont servi à définir implicitement les problèmes et les méthodes légitimes d'un domaine de recherche pour des générations successives de chercheurs. »*

Kuhn, La Structure des révolutions scientifiques

Dans la science normale, les savants partagent un paradigme qui permet le développement de leurs travaux. Un paradigme est un ensemble de principes et de règles, un complexe de connaissances et de pratiques partagées par la communauté des chercheurs, c'est « l'ensemble des croyances, de valeurs reconnues et de techniques qui sont communes aux membres d'un groupe donné » (Kuhn, *La Structure des révolutions scientifiques*).

Lorsqu'une succession d'échecs et d'anomalies est constatée, la science entre dans une crise qui aboutit à un changement de paradigme, à une révolution théorique qui donne une nouvelle direction et un nouveau cadre aux recherches scientifiques. Le nouveau paradigme est choisi parce qu'il permet d'élucider plus efficacement un ensemble de problèmes.

Un exemple de changement de paradigme scientifique

Ptolémée (90-168), auteur d'un important traité d'astronomie, l'*Almageste* (IIe siècle), avait proposé un modèle géocentrique du système solaire qui fit autorité de l'Antiquité à la Renaissance. Les astronomes et les mathématiciens pouvaient travailler à la connaissance des mouvements célestes à l'intérieur de ce cadre théorique. Néanmoins, des observations inintelligibles – certaines planètes ne paraissaient pas tourner autour de la Terre – mirent ce modèle en crise. Il fallut attendre Copernic (1473-1523 ; *Des Révolutions des sphères célestes*, 1543), et surtout Galilée (1564-1642 ; *Dialogue sur les deux grands systèmes du monde*, 1632), pour établir un nouveau paradigme scientifique. La révolution copernicienne consista à émettre l'hypothèse que le Soleil, et non la Terre, était au centre de l'univers. Ce n'était plus le Soleil qui tournait autour de la Terre, mais la Terre qui opérait ses révolutions autour du Soleil. Ce modèle héliocentrique constitue un changement de paradigme.

L'affirmation de la relativité des vérités scientifiques

En considérant cet aspect comme décisif, Kuhn ouvre la voie à une approche sociologique de la science. C'est une communauté de chercheurs, à une époque donnée, selon une pratique commune, qui est le sujet de l'activité scientifique – et non un savant isolé face à la réalité. C'est également une compréhension historique dans la mesure où chaque époque voit le travail scientifique organisé autour d'un paradigme. D'une époque à l'autre, il y a donc hétérogénéité et discontinuité. Cette approche relativise donc le caractère absolu des vérités scientifiques qui se révèlent relatives à un contexte intellectuel et historique donné. Elle met au jour la complexité du rapport de la raison dans son effort pour comprendre la réalité, tout en posant le problème de savoir s'il est légitime de réduire les théories scientifiques à des conventions momentanées.

Car une telle compréhension de l'histoire de la science pose le problème de la comparaison des théories scientifiques entre elles et d'un critère de vérité permettant de les discriminer. Elles sont en effet incommensurables entre elles. Comment savoir dès lors s'il y a un progrès en science ? Comment déterminer la vérité d'une théorie scientifique ? Bachelard, au contraire, soutient que les discontinuités qui frappent l'histoire des sciences s'accompagnent d'une amélioration dans l'approximation de la vérité.

▪ Gaston Bachelard : une conception nouvelle de la science

L'œuvre de Gaston Bachelard (1884-1962) est à la fois originale et très importante pour l'épistémologie française. Elle développe deux orientations majeures. Bachelard s'est consacré à l'œuvre humaine qu'il admire : la pensée scientifique (*Le Nouvel Esprit scientifique*, 1934 ; *La Formation de l'esprit scientifique*, 1938 ; *Le Rationalisme appliqué*, 1949). Il a également consacré de nombreux travaux à l'imaginaire poétique.

Bachelard est attentif aux bouleversements qui secouent les sciences au début du siècle et qui requièrent selon lui une nouvelle épistémologie. Il est ainsi conduit à récuser la conception de la science qui se représente le travail du savant comme une simple observation passive de la réalité. La science, selon lui, ne fonctionne pas de manière cumulative mais problématique. Elle progresse par sa capacité à formuler des problèmes et à dépasser des obstacles :

« Quand on cherche les conditions psychologiques des progrès de la science, on arrive bientôt à cette conviction que c'est en termes d'obstacles qu'il faut poser le problème de la connaissance scientifique. Et il ne s'agit pas seulement de considérer des obstacles externes, comme la complexité et la fugacité des phénomènes, ni d'incriminer la faiblesse des sens de l'esprit humain : c'est dans l'acte même de connaître, intimement, qu'apparaissent, par une sorte de nécessité fonctionnelle, des lenteurs et des troubles. »

Gaston Bachelard, *La Formation de l'esprit scientifique*

« Rien n'est donné, tout est construit »

La science parvient à ses résultats en luttant contre les images de l'opinion spontanée, les représentations inconscientes et non réfléchies, les intuitions erronées. Elle procède en produisant des concepts qui permettent de mettre en place des expérimentations. Ainsi, il n'y a pas de faits bruts mais des faits construits, pas d'expériences clairement lisibles mais des expérimentations élaborées. Ce que nous imaginons naïvement être des "faits" résulte en fait d'une construction rationnelle et technique. Le savant n'est pas en face de la réalité, mais il reconstruit dans son laboratoire des fragments artificiels de réalité qu'il observe par le biais d'instruments techniques et qu'il interprète à partir d'une théorie.

Le rationalisme de la science moderne est donc un rationalisme ouvert et dynamique. Le travail scientifique est un travail permanent de rectification, une connaissance approchée et non la possession de vérités absolues et certaines.

« Il ne saurait y avoir de vérité première. Il n'y a que des erreurs premières. »

Bachelard, *Études*

« On connaît contre une connaissance antérieure en détruisant des connaissances mal faites [...]. Quand il se présente à la culture scientifique, l'esprit n'est jamais jeune. Il est même très vieux, car il a l'âge de ses préjugés. »

Bachelard, *La Formation de l'esprit scientifique*

La science, une affaire de doute et de rigueur

L'histoire des sciences "progresse" de manière discontinue par des crises qu'il faut surmonter en reformulant les problèmes scientifiques qui s'imposent aux savants. La science est finalement une œuvre de la pensée et la pensée consiste toujours à avoir le courage de remettre en question les certitudes toutes faites et les acquis paresseux.

« *La culture scientifique nous demande de vivre un effort de la pensée.* »

Bachelard, *Le Rationalisme appliqué*

Naissance de la chimie moderne

La "découverte" de la composition de l'air par Lavoisier illustre cette compréhension du travail scientifique. Au milieu du XVIIIe siècle la communauté des savants s'accordait sur la théorie de la combustion, qui expliquait ce phénomène par la libération du phlogistique (feu). Selon cette théorie, la matière est composée de quatre éléments fondamentaux et simples, derniers termes de l'analyse : l'eau, l'air, la terre et le feu. Or un fait impossible à concilier avec la théorie est venu inquiéter les savants. On observait expérimentalement une augmentation du poids de l'élément calciné au lieu, selon la théorie, d'une diminution consécutive à l'échappement du phlogistique. La réaction initiale des savants est instructive : ils ont d'abord cherché à concilier l'expérience avec la théorie plutôt que de remettre celle-ci en cause. « Le doute est le fait d'un esprit fort » : le mot d'Alain se vérifie ici. Guyton émit l'hypothèse *ad hoc* suivante : le phlogistique, lors de la combustion, est remplacé par de l'air, et si nous constatons une augmentation de la masse, c'est parce que le phlogistique, moins lourd que l'air, a un poids négatif. La substitution du phlogistique à l'air explique ainsi l'augmentation de poids constatée.

Cette explication, qui frise l'irrationnel (le concept de poids négatif est obscur), ne convainquit pas Lavoisier (1743-1794). Il détermina un protocole rigoureux, consistant à peser chacun des éléments (le métal et l'air contenu dans la cloche sous laquelle se déroule l'expérience) avant et après la calcination, et qui exigea par d'ailleurs des conditions techniques inédites. Ce protocole reposait sur un principe, postulé et non prouvé par Lavoisier : « Rien ne se crée, ni dans les opérations de l'art, ni dans celles de la nature, et l'on peut poser en principe que, dans toute opération, il y a une égale quantité de matière avant et après l'opération » (*Traité élémentaire de chimie, 1789*).

Lavoisier découvrit ainsi (expérience de la calcination du phosphore de 1772) que le supplément de masse de l'élément calciné s'accompagnait d'une diminution de l'air, ce qu'il expliqua par l'hypothèse de la composition de l'air. La suite de ses travaux mit au jour quelques-uns des composants de l'air, puis de l'eau. La chimie moderne était née.

▪ Popper : la théorie de la falsifiabilité

Dans le sillage théorique de Bachelard, Karl Popper (1902-1994)
– ils publient tous les deux dans les années trente – affirme que
la science propose des conjectures et non des certitudes universelles. Selon sa conception de la falsifiabilité ou de la réfutabi-
lité, une théorie est réellement scientifique dans la mesure où
elle permet de tester son éventuelle fausseté. Une théorie scientifique est légitime si les propositions et les hypothèses qui la
constituent peuvent être soumises à un test :

« *La connaissance scientifique progresse grâce à des anticipations
non justifiées et impossibles à justifier, elle devine, elle essaie des
solutions, elle forme des conjectures. Celles-ci sont soumises au
contrôle de la critique, c'est-à-dire des tentatives de réfutations qui
comportent des tests d'une capacité critique élevée. Elles peuvent
survivre à ces tests mais ne sauraient être justifiées de manière
positive : il n'est pas possible d'établir avec certitude qu'elles sont
vraies, ni même qu'elles sont "probables" [...]. La réfutation d'une
théorie constitue toujours à elle seule un progrès qui nous fait
approcher de la vérité. Il n'y a là aucune raison de désespérer de la
raison.* »

Popper, *Conjectures et réfutations*

Il en tire d'ailleurs un critère pour distinguer les sciences
authentiques des pseudo-sciences : les premières sont
capables de proposer des tests mettant en jeu de manière critique leurs vérités, les secondes postulent leur vérité sans permettre des tests qui pourraient éventuellement les réfuter.
Ainsi, pour Popper, le marxisme et la psychanalyse sont des
pseudo-sciences.

Contre le projet de normer la méthode scientifique

Élève de Popper, Paul Feyerabend (1924-1994), dans *Contre la méthode. Esquisse d'une théorie anarchiste de la connaissance* (1975), critique le projet de normer la méthode scientifique : « Le présent essai est écrit avec la conviction que l'anarchisme, tout en n'étant peut-être pas la philosophie politique la plus attrayante, est certainement un excellent remède pour l'épistémologie et pour la philosophie des sciences » (*Contre la méthode*).

La logique de la découverte scientifique échappe justement à la logique. Les prétendues règles universelles de la méthode scientifique sont transgressées par les savants. Feyerabend illustre sa théorie en montrant que la révolution copernicienne n'a pas été possible par le respect de quelconques règles méthodologiques mais par une invention non-réglée. En conséquence, Feyerabend renonce au projet épistémologique de décrire l'activité scientifique. Ce renoncement va de pair avec ceux qui pensent que la réflexion sur la science ne doit pas s'éloigner de la pratique réelle des savants.

Pour aller plus loin

Découvrir les auteurs

Gaston BACHELARD, *Épistémologie. Textes choisis*, PUF, 1971.

Gaston BACHELARD, *La Flamme d'une chandelle*, PUF, 1996.

Paul FEYERABEND, *Contre la méthode*, Éd. du Seuil, 1988.

Nelson GOODMAN, *Faits, fictions et prédictions*, Éd. de Minuit, 1986.

Samuel KUHN, *Structure des révolutions scientifiques*, Flammarion, 2008.

Manifeste du Cercle de Vienne (sous la dir. d'A. SOULEZ), PUF, 1985.

Karl POPPER, *Conjectures et réfutations*, Payot, 1986.

Karl POPPER, *La Logique de la découverte scientifique*, Payot, 1973.

Approfondir par la lecture d'études

Nicolas COUZIER, *Introduction à l'histoire et à la philosophie des sciences*, Ellipses, 2002.

Emmanuel DISSAKÈ, *Feyerabend. Épistémologie, anarchisme et société libre*, PUF, 2001.

Emmanuel DISSAKÈ, *Karl Popper. Langage, falsicationnisme et science objective*, PUF, 2004.

Didier GIL, *Bachelard et la culture scientifique*, PUF, 1993.

Dominique LECOURT, *Philosophie des sciences*, PUF, « Que sais-je ? », 2008.

Dominique LECOURT, *Dictionnaire d'histoire et de philosophie des sciences*, PUF, 1999.

Mélika OUELBANI, *Le Cercle de Vienne*, PUF, coll. « Philosophies », 2006.

« Épistémologie, sciences et philosophie » en questions

Qui l'a dit ?

Saurez-vous reconnaître les auteurs des citations suivantes ?

1. « Clarifier des problèmes et des énoncés, et non poser des énoncés proprement philosophiques, constitue la tâche du travail philosophique. La méthode de cette clarification est celle de l'analyse logique. »

2. « Les soi-disant énoncés de la métaphysique sont dépourvus de sens. ».

3. « Peu importe le grand nombre de cygnes blancs que nous puissions avoir observé, il ne justifie pas la conclusion que tous les cygnes soient blancs. »

4. « Quand on cherche les conditions psychologiques des progrès de la science, on arrive bientôt à cette conviction que c'est en termes d'obstacles qu'il faut poser le problème de la connaissance scientifique. Et il ne s'agit pas seulement de considérer des obstacles externes, comme la complexité et la fugacité des phénomènes, ni d'incriminer la faiblesse des sens de l'esprit humain : c'est dans l'acte même de connaître, intimement, qu'apparaissent, par une sorte de nécessité fonctionnelle, des lenteurs et des troubles. C'est là que nous montrerons des causes de stagnation et même de régression, c'est là que nous décèlerons des causes d'inertie que nous appellerons des obstacles épistémologiques. La connaissance du réel est une lumière qui projette toujours quelque part des ombres. Elle n'est jamais immédiate et pleine. »

Auteurs :

A. Carnap

B. Bachelard

C. Kuhn

D. Feyerabend

E. Popper

QCM

1. Qu'est-ce que l'épistémologie ?

A. Une science

B. Le gâteau viennois préféré de Carnap

C. L'étude philosophique de la science

D. La philosophie d'Auguste Comte

2. Qu'est-ce que l'induction ?

A. Une inférence par laquelle on passe du singulier à l'universel.

B. Une inférence par laquelle on passe du général au particulier.

C. Une inférence par laquelle on passe du singulier au particulier.

D. Un syllogisme logique découvert par Aristote

3. Pour quelle raison Quine critique l'induction en science ?

A. Elle n'est pas fondée.

B. On ne peut jamais vérifier une proposition isolée mais un ensemble d'hypothèses.

C. On ne peut pas affirmer une loi universelle à partir de cas particuliers.

D. Elle est la méthode des Anciens.

4. Selon Kuhn, l'histoire de la science est...

A. anarchique.

B. une succession de révolutions théoriques.

C. une succession d'obstacles épistémologiques.

D. un progrès continu et constant.

5. Pour Bachelard, le fait scientifique est...

A. donné.

B. artificiel.

C. construit.

D. observé dans la nature.

6. Selon la théorie de la falsifiabilité de Popper, ...

A. rien ne se crée, rien ne se perd dans une théorie scientifique.

B. les pseudo-sciences sont celles qui ne peuvent être réfutées.

C. on ne peut pas savoir si une théorie scientifique est vraie ou fausse.

D. une théorie est scientifique si elle peut être soumise à un test qui, éventuellement, la falsifie.

Réponses en page 193.

■ ■ ■

Chapitre 3

Autour du langage : logicisme et philosophies analytiques

La philosophie du langage fit une irruption remarquable sur la scène philosophique au début du XXᵉ siècle. Certes la philosophie du langage existait auparavant. De fait, de *L'Interprétation* d'Aristote à l'*Essai* de Locke, en passant par les spéculations du XVIIIᵉ siècle sur l'origine historique des langues, toutes les pensées qui ont questionné la nature des mots peuvent en réclamer le titre. Cependant la conception générale, qui a longtemps prévalu, réduisait le langage aux mots et assimilait les mots eux-mêmes à des représentations symboliques adéquates aux choses qu'un sujet "avait dans la tête". Indifférente à la complexité syntaxique de la grammaire comme à la dimension pragmatique des énoncés – à l'exclusion de la rhétorique qui étudie les techniques de persuasion par le discours –, le langage n'était pas reconnu comme une dimension des problèmes philosophiques de la vérité et de la connaissance. Dès lors, la réflexion sur le langage restait un chapitre parmi d'autres de la philosophie classique et moderne.

Vous avez dit « signe linguistique », « sémantique », « syntaxe » et « pragmatique » ?

Le langage n'existe que sous la forme des différentes langues parlées. Une langue se présente d'abord comme un répertoire de mots qui sont autant de signes ou de symboles désignant des choses existantes. Ainsi le son « arbre » [aRbR7] renvoie à l'arbre réel. Le signe linguistique est un symbole. La sémantique est l'étude de la signification des mots. Mais il faut également tenir compte de la structure des phrases, c'est-à-dire des règles et des principes qui constituent la grammaire d'une langue. Toute structure grammaticale suppose que le locuteur manipule des mots qui ne désignent pas des choses ("et", "par conséquent") : la syntaxe est l'étude de la grammaire. Enfin, la dimension pragmatique concerne l'étude des conditions concrètes de la communication. L'étude syntaxique étudie la forme grammaticale d'une langue, la sémantique, le sens des mots, tandis que l'étude pragmatique s'intéresse aux usages.

Le tournant linguistique au début du XXᵉ siècle

La situation change radicalement au XXᵉ siècle où la philosophie analytique, authentique philosophie du langage – courant initialement anglo-saxon –, opère un tournant linguistique (*linguistic turn*). En remettant en cause les présupposés de la philosophie classique, la philosophie analytique met au jour la complexité syntaxique et sémantique de nos énoncés, propose une nouvelle méthode et élève le langage au rang d'une véritable dimension de la pensée. Telle est la première leçon à tirer : les problèmes philosophiques fondamentaux seront dorénavant formulés à partir d'une analyse des incidences du langage dans lequel ils se formulent. Si la philosophie consister à penser des problèmes – et notamment des problèmes relatifs à la vérité – et si la pensée est indissociable du langage (« penser, c'est opérer sur des signes », selon la formule de Wittgenstein), alors c'est la philosophie elle-même qui est indissociable du langage.

C'est à partir de la question de la vérité, c'est-à-dire celle de savoir sur quel fondement assurer les connaissances scientifiques, que la philosophie analytique va s'élancer. Cette réflexion sur l'activité scientifique va se déporter sur les mathématiques qui soutiennent la rigueur des sciences de la nature. En effet, depuis leur élucidation par Kant, l'arithmétique et la géométrie ont considérablement évolué et nécessitent une refondation. Gottlob Frege (1848-1925) puis Bertrand Russell (1872-1870) vont chercher à les fonder sur des lois logiques universelles pour les affranchir des imperfections des langues naturelles et de l'ambiguïté du psychologisme. Cette ambition théorique porte le nom de projet logiciste.

La philosophie analytique part de la croyance commune selon laquelle les mots correspondent à des êtres réels et la structure grammaticale de nos phrases reflète l'ossature logique du monde. Or le langage produit des confusions et fait écran à la vérité. Il convient de l'analyser correctement et de le corriger. L'analyse étudie la signification des mots et des phrases, décompose les expressions complexes en expressions simples et vérifie qu'elles correspondent bien à des entités réelles. Elle est érigée en méthode pour élucider les problèmes philosophiques et dénoncer les illusions naïves du langage.

Mais, dès les années cinquante les insuffisances du logicisme donneront lieu au second tournant linguistique. Ludwig Wittgenstein (1889-1951) et John Austin (1911-1960) feront porter l'accent sur la richesse des langues naturelles sans chercher à les réduire aux règles logiques. Cette seconde philosophie analytique est une philosophie du langage ordinaire.

Le projet logiciste

L'essor des sciences n'a pas rendu obsolète le problème de la fondation des vérités scientifiques. Il ne peut s'agir de se contenter, comme peut le croire un pragmatisme simplifié, de ce que les théorèmes scientifiques "marchent", c'est-à-dire permettent d'inventer des techniques qui fonctionnent, ni de comprendre la démarche des savants (épistémologie). Il faut aussi exiger que nos connaissances soient rationnellement certaines et que leur objectivité et leur universalité soient assurées.

▪ La connaissance humaine est-elle condamnée à être incertaine et relative ?

Comment pouvons-nous avoir une connaissance du monde extérieur qui atteste de sa vérité ? Si connaître consiste, pour un sujet, à se faire une représentation d'un objet, alors seule l'adéquation entre l'objet et sa représentation fonde la vérité de la connaissance. Pour Kant qui, avec la *Critique de la raison pure* (1781), marqua durablement la tâche de la philosophie et la compréhension de l'activité scientifique, la connaissance relève d'une élaboration du sujet faisant intervenir, d'une part, des concepts (par exemple celui de causalité) et, d'autre part, le donné perçu, c'est-à-dire des perceptions. Cet idéalisme nuancé concluait que nous ne pouvons espérer connaître les choses telles qu'elles sont en elles-mêmes mais seulement les représentations que nous en avons. Or une telle conception prête au psychologisme.

Le psychologisme réduit notre connaissance à des propriétés psychologiques et subjectives. Il faudrait considérer que les concepts, les jugements et les raisonnements par lesquels nous appréhendons le monde sont des réalités psychiques, autrement dit les contenus de conscience d'un individu singulier. Les théories scientifiques et leurs fondements mathématique et logique reposeraient sur les lois psychologiques de notre cerveau. Nous n'aurions alors affaire non à des vérités en-soi, mais à des perceptions relatives. Par conséquent, le psychologisme, en ruinant les efforts philosophiques pour fonder la vérité, nous expose au scepticisme, c'est-à-dire à la doctrine qui affirme qu'aucune connaissance humaine absolue et rationnellement certaine n'est possible.

■ Frege : la recherche d'un langage objectif

Gottlob Frege (1848-1925) est un mathématicien, logicien et philosophe allemand dont l'œuvre est d'une importance considérable pour l'histoire de la philosophie du XXe siècle. Celui qu'on a pu appeler « le Descartes de la philosophie contemporaine, celui avec qui tout commence à nouveau » (J. Lacoste) lance littéralement les problématiques philosophiques du début du siècle. Sa réflexion est essentiellement une enquête sur les fondements des mathématiques et de la vérité. Retenons : *Idéographie* (1879) et *Les Lois fondamentales de l'arithmétique* (1903).

De l'objectivité de la pensée à celle du langage

Quand il affronte le problème de la réalité des nombres et des idées, Gottlob Frege critique violemment le psychologisme.

« Une proposition ne cesse pas plus d'être vraie quand je n'y pense pas que le soleil est anéanti quand je ferme les yeux. »

Frege, Les Fondements de l'arithmétique

Frege défend une conception réaliste selon laquelle les pensées ont une existence objective en dehors et indépendamment de l'esprit individuel du sujet qui les pense. La pensée n'est pas une représentation dans la conscience subjective d'un sujet.

Ouvrant plus amplement sa réflexion, Frege va s'affronter au langage. Celui-ci était compris comme un répertoire de représentations linguistiques correspondant aux représentations mentales qui, elles-mêmes, symbolisaient les choses. Les mots symbolisent les choses parce qu'ils sont les signes des pensées qui, elles-mêmes, sont des signes des choses. Or cette conception paraît intenable à Frege. D'une part, tous les éléments du langage ne sont pas des symboles des choses, ainsi les éléments syntaxiques (les conjonctions, par exemple) ou encore les expressions complexes (si...alors, etc.) ; d'autre part, la signification d'un mot, accessible à tous les locuteurs, ne peut être comprise comme une représentation subjective et privée.

Frege est amené, dans *Sens et référence* (1892), à distinguer le sens d'un signe (*Sinn*), qui est un concept objectif, la représentation subjective (*Vorstellung*) qui accompagne son usage dans notre esprit et l'être individuel qui constitue sa référence (*Bedeutung*), et que le signe dénote ou désigne. Il abandonne la notion de représentation au profit de celle de signification et défend l'idée que celle-ci est universelle et objective. Cela implique aussi qu'à toute pensée corresponde effectivement une entité idéelle réelle.

Le langage, une pseudo-science

Mais le langage réserve une autre difficulté, qui est de savoir si la structure grammaticale de nos énoncés correspond adéquatement à la structure réelle (ou ontologique, c'est-à-dire qui concerne ce qui est, les choses qui sont) du monde. Or la variété des langues naturelles, qui fait qu'il existe une multiplicité de grammaires incompatibles, oblige à constater que la syntaxe d'une langue n'a aucune légitimité scientifique et ne préjuge pas d'une correspondance avec le monde. La science est une langue bien faite, disait Condillac (1715-1780) – et inversement, pourrait-on dire, nos langues sont des pseudo-sciences confuses et erronées. Or nos façons de raisonner et de penser dépendent de la langue naturelle dans laquelle nous opérons.

La nécessité de créer une langue purifiée pour penser en vérité

Frege se propose donc de mettre sur pied une autre langue, artificielle et rigoureuse, pour formuler une pensée adéquate.

« Mon intention ne consiste pas à représenter une logique abstraite par des formules, mais bien à exprimer un contenu au moyen de symboles écrits d'une façon plus précise et plus claire qu'il ne serait possible de le faire en utilisant des mots. »

Frege, *Idéographie*

Cette langue ne peut être qu'une langue naturelle purifiée par les lois logiques universelles et objectives. C'est ainsi qu'il tente de fonder les mathématiques sur les lois logiques tout en éloignant celles-ci des ambiguïtés de la langue naturelle. Ce projet frégéen, le logicisme, en partie réalisé dans *Les Lois fondamentales de l'arithmétique* (1903), inaugure la logique contemporaine et le bouleversement de la philosophie du langage. L'œuvre est fondamentale pour la suite du XXe siècle. Elle est le commencement des débats qui donneront naissance, dans les premières décennies de la période, aux philosophies de Russell, de Whitehead et de Wittgenstein, comme à la phénoménologie de Husserl.

Vous avez dit « logique contemporaine » ?

L'histoire de la logique s'accélère au XXe siècle après les acquis d'Aristote et des logiciens médiévaux. La logique des prédicats et des propositions s'enrichit de développements nouveaux. La logique contemporaine contient aussi des logiques qui ne respectent pas les principes classiques fondamentaux. Ainsi la remise en cause du principe de la bivalence (il y a deux valeurs de vérité pour un terme ou une proposition, vrai ou faux) permet de développer une logique trivalente (il y a trois valeurs de vérité, par exemple vrai, faux et indéterminé). Cette logique doit son existence au polonais Lukasiewicz (1878-1956).

Illustration par les mathématiques

Pourquoi les mathématiques sont-elles si importantes ? La vérité mathématique est une vérité démontrée. La démonstration consiste à assurer la vérité d'une proposition par une suite de raisons enchaînées – ces « longues chaînes de raisons » s'emboîtant les unes dans les autres qui plaisaient tant à Descartes (1596-1650). Le passage d'une proposition à une autre se fait par le biais d'une déduction (ou inférence), c'est-à-dire un lien logique strict et rigoureux. La conclusion qui résulte d'un tel raisonnement est nécessairement vraie. Il y a donc deux manières d'assurer la vérité d'une proposition : soit on prouve par la référence à l'expérience ; soit on démontre par un raisonnement rigoureux. La nature démonstrative de la vérité mathématique en fait une vérité d'une qualité particulière : absolument certaine, nécessaire, universelle et éternelle. C'est donc sur elle que se fondent les théories scientifiques.

Cependant, les mathématiques sont une science formelle. Ses objets n'ont aucune réalité expérimentale car nulle part dans la réalité nous ne faisons à proprement parler l'expérience empirique des figures géométriques ni des nombres (l'infini,π). Il ne peut donc y avoir de critère externe pour établir la vérité d'une proposition mathématique. Le problème ontologique est de savoir quelle réalité accorder aux êtres mathématiques : existent-ils seulement pour l'esprit qui les conçoit, ou bien sont-ils des êtres idéaux et réels, indépendants de l'esprit particulier qui les pense ?

Russell et Wittgenstein : l'analyse du langage

Frappé par les arguments de Frege, Russell discute très vite son œuvre en compagnie de G. E. Moore (1873-1958). Convaincu de l'objectivité des significations et des lois logiques, Russell participe au projet logiciste.

Il faut néanmoins commencer par rappeler que, dès le début de sa carrière, les intérêts de Bertrand Russell seront multiples, au point qu'il dira de lui-même : « Je suis un dialogue platonicien à moi tout seul. » Il va ainsi découvrir, lors d'un séjour à Berlin, les idées de la social-démocratie allemande (Liebknecht, Bebel) et s'initier à l'économie politique. Pacifiste, auteur d'ouvrages sur la politique et l'émancipation des femmes, Russell aura aussi assumé des responsabilités politiques à la Chambre des lords, participé avec Sartre à l'édification d'un tribunal international pour juger les criminels de la guerre du Viêtnam et il fut le chef de file de la contestation anglaise anti-nucléaire. Il reçut, enfin, le prix Nobel de littérature en 1950.

Russell résume ainsi son entreprise : « Mon dessein fondamental a été de comprendre le monde aussi bien que possible et de séparer ce qui peut être tenu pour connaissance de ce qui doit être rejeté comme opinion sans fondement » (*Histoire de mes idées philosophiques*).

C'est ce profond souci de la vérité qui l'engage dans la voie philosophique à l'université de Cambridge. Le contexte, dominé par l'œuvre de Francis Bradley (1846-1924 ; *Apparence et réalité*, 1893), est clairement idéaliste. Sous l'impulsion des idées de Moore, Russell s'engage dans la voie de la philosophie des mathématiques et adhère au projet logiciste lancé par Frege. Ce projet aboutira à la publication de deux ouvrages majeurs : *Principes des mathématiques* (1903) et *Principia mathematica* (1910-1913), rédigés à quatre mains avec Alfred Whitehead (1861-1947). Par la suite, il s'intéressera d'une manière plus générale à l'épistémologie. La théorie de la connaissance est le thème majeur de l'œuvre russellienne.

La logique contemporaine : un outil pour la philosophie

Russel entend parvenir à fonder une théorie de la connaissance en élucidant, par la logique renouvelée de Frege, les problèmes fondamentaux. Il soutient que « la philosophie tout entière, c'est la logique » (*La Méthode scientifique en philosophie*) et érige la logique contemporaine au rang de nouvel outil pour la pensée philosophique.

« *Tout problème philosophique, soumis à une analyse et à une élucidation indispensable, se trouve, ou bien n'être pas philosophique du tout ou bien logique.* »

Russell, *La Méthode scientifique en philosophie*

Le paradoxe du menteur

Dans ce but, Russell étudie la théorie frégéenne et repère qu'elle souffre d'une anomalie qui peut se présenter sous la forme du paradoxe logique dit « du menteur ». Attribué à Euclide (IIIe siècle av. J.-C.), ce paradoxe se formule ainsi :

« Si j'affirme que je mens, est-ce que je dis la vérité ou est-ce que je mens ?

Tu dis la vérité.

Mais si je dis la vérité en affirmant que je mens, alors je mens.

Donc, tu mens.

Mais si je mens en affirmant que je mens, je dis la vérité ! »

Dans un article de 1905 intitulé *De la dénotation*, Russell propose une solution qui prend la forme de la théorie des types. Pour l'essentiel, il s'agit de distinguer des niveaux logiques afin d'éviter que des éléments appartenant à un même niveau ne viennent interférer dans un autre. Il en est ainsi pour le paradoxe du menteur, qui se résout si l'on distingue le plan de l'affirmation et celui où se situe ce qui est affirmé. Dès lors que le mensonge ne porte pas sur les deux niveaux, le cercle vicieux est brisé. Russell propose ainsi la notion de métalangage qui permet l'élaboration consistante et cohérente de la langue logique totalement formalisée que Frege recherche.

Vous avez dit « métalangage » ?

Un métalangage est un langage formel. Le préfixe « méta » indique qu'il s'agit d'un langage qui a pour objet le langage. C'est donc un langage au deuxième degré. Le projet de Frege et de Russell vise à remplacer la langue naturelle par un langage logique et vrai. Or, comme les rapports logiques sont habituellement décrits par des expressions de la langue naturelle (donc, or, si... alors..., etc.) susceptibles d'être erronées ou de générer des paradoxes, il faut construire un langage "méta" parfaitement rationnel et logique.

Des « expressions systématiquement trompeuses »

Restait néanmoins un autre problème qui concerne également la critique rationnelle de la langue naturelle. Si chaque expression de la langue correspond à une signification objective, il faut alors conclure qu'il existe autant d'êtres idéaux que d'expressions.

Nous croyons ordinairement qu'il existe autant d'entités réelles que de mots pour les désigner. Ce problème est d'ailleurs essentiel à la philosophie analytique. Ainsi, Ryle (1900-1976) s'attachera à ce programme de clarification du langage. Dans *Les Expressions systématiquement trompeuses* (1932), il fournit l'exposé classique de cette correction des illusions du langage. Par exemple, le sujet grammatical d'une phrase peut n'être pas un vrai sujet logique renvoyant à un être réel. Ainsi « les licornes n'existent pas » peut faire croire à l'existence paradoxale d'un objet mental (les licornes) qui aurait la propriété de ne pas exister. Ainsi tous les mots et toutes les expressions de la langue naturelle ne correspondent pas à des entités réellement existantes. Or, il en va de même pour les êtres logiques et mathématiques. Toutes les expressions logiques et mathématiques ne correspondent pas à des entités réellement existantes.

Qu'est-ce qui existe réellement ?

L'analyse du langage démêle les nœuds entre la grammaire de la langue naturelle et la structure logique de la réalité. Mais Russell est également conscient qu'une telle méthode implique de déterminer quelles sont les entités réellement existantes. La théorie de la connaissance doit donc s'accompagner d'une ontologie. La méthode analytique de Russell l'amène à proposer un atomisme logique. Il conçoit que la réalité est d'abord composée d'êtres individuels et de faits atomiques qu'on pourra assembler dans des propositions complexes à partir des structures logiques qu'on aura préalablement dégagées.

Vous avez dit « ontologie » ?

Du grec ancien *ta onta*, qui signifie « les choses qui sont », l'ontologie est la partie de la philosophie qui enquête sur l'être, voire sur l'être en tant qu'être. Ici, on s'interroge sur l'être des réalités idéelles (ce sont des idées que l'on pense) que sont les entités mathématiques et logiques ainsi que sur les êtres réels qui correspondent aux mots.

Dire, c'est faire une carte du monde

La philosophie russellienne doit beaucoup à la solution proposée par Wittgenstein. Qui est Ludwig Josef Johann Wittgenstein (1889-1951) ? Suite à sa rencontre avec Frege, qui l'éveille au problème philosophique du fondement des mathématiques, il s'inscrit à

Cambridge en 1911. La seule œuvre publiée de son vivant, le *Tractatus logico-philosophicus* (1921), écrite entre 1913 et 1918, prolonge le travail de Russell, dont il suit les cours. Prisonnier pendant la Première Guerre mondiale, puis instituteur, il suspend un temps son activité philosophique. Après une participation sporadique au Cercle de Vienne, il enseigne à Cambridge à partir de 1929. Cette deuxième période inaugure un changement de sa pensée où il réfute une partie des thèses défendues dans le *Tractatus*. Dans les *Cahier brun* et *Cahier bleu* (1933-1935) et les *Investigations philosophiques* (1936-1939), Wittgenstein remet en cause le privilège accordé au langage idéal de la logique. Ce renoncement au logicisme fonde la philosophie ordinaire du langage. Notez que la plupart des ouvrages de Wittgenstein seront publiés après sa mort, et donc connus et étudiés tardivement.

Ainsi, selon Wittgenstein, le monde est composé d'ensembles de faits que l'on peut décomposer en éléments simples (états de choses) ; symétriquement, la pensée, indissociable du langage, est composée de propositions complexes, elles-mêmes analysables en propositions simples :

« *Tout énoncé portant sur des complexes se laisse analyser en un énoncé sur leurs éléments et en propositions telles qu'elles décrivent complètement ces complexes.* »

Wittgenstein, *Tractatus logicophilosophicus*

La thèse de Wittgenstein est qu'il existe quelque chose de commun entre la structure d'une phrase et la structure de la réalité que la phrase dénote. Toute assertion sur le monde est comme une image ou un tableau représentant le monde. La correspondance – la vérité de nos propositions – entre la proposition et le fait s'exprime par la notion de forme logique : la structure du fait se reflète dans celle de la proposition. Une phrase est comme une carte dont la disposition des symboles, l'échelle, les distances correspondent à la disposition des villes dans la réalité. Cette forme commune à la carte et au réel est la forme logique. Selon sa formule :

« *La carte n'est pas le territoire.* »

Wittgenstein, *Tractatus logico-philosophique*

La réalité n'est pas sa représentation linguistique. Il existe cependant, pour Wittgenstein, une structure commune entre la réalité et son expression linguistique. Ainsi, la phrase « Aristote est l'élève de Platon » établit une relation entre les deux noms Aristote et Platon qui renvoie à la relation entre les deux hommes.

Selon l'image de la carte, la réalité est comme projetée géométriquement dans le langage. Mais le fait de la projection elle-même, ou encore de la correspondance, ne peut se dire dans aucun langage, car il faudrait pour ce faire que nous soyons capables d'être en dehors du langage et du monde. Wittgenstein restera attaché à cette thèse qui dénonce toute possibilité d'un métalangage, toute objectivation extérieure au langage – ce que formule la (célèbre) dernière phrase du *Tractatus* :

« *Sur ce dont on ne peut parler, il faut garder le silence.* »

Wittgenstein, *Tractatus logico-philosophique*

« *La juste méthode de philosophie serait en somme la suivante : ne rien dire sinon ce qui peut se dire, donc les propositions des sciences de la nature – donc quelque chose qui n'a rien à voir avec la philosophie – et puis à chaque fois qu'un autre voudrait dire quelque chose de métaphysique, lui démontrer qu'il n'a pas donné de signification à certains signes dans ses propositions.* »

Wittgenstein, *Tractatus logico-philosophique*

Si donc Wittgenstein partage la conviction que les problèmes et les concepts philosophiques fondamentaux peuvent être élucidés au moyen de l'analyse du langage, il refuse la fondation transcendantale d'un langage artificiel parfaitement adéquat au réel. De ce fait, il réduit la prétention de la philosophie elle-même en la cantonnant à une activité de critique et d'élucidation logique de la pensée :

« *La philosophie est la lutte contre l'ensorcellement de notre entendement par les moyens de notre langage.* »

Wittgenstein, *Tractatus logico-philosophique*

Un projet incomplet et inachevé

Le projet logiciste de Frege, Russell et Whitehead est donc à la source de la logique contemporaine qu'il aura considérablement fait progresser. L'aspiration à fonder les mathématiques sur les lois logiques universelles échouera cependant en partie. Centré sur l'arithmétique et trop peu sur la géométrie, ce projet est incomplet. Les mathématiciens et les logiciens, de leur côté, continuèrent de faire des découvertes : géométries non euclidiennes, remise en cause de la logique bivalente par L. E. J. Brouwer (1881-1966) et Henri Poincaré (1854-1912) ; travaux de David Hilbert (1862-1943) qui expose en 1899, dans *Fondements de la géométrie*, un système hypothético-déductif qui concurrence le logicisme...

Vous avez dit « science hypothético-déductive » ?

Le raisonnement mathématique prend appui sur des axiomes, c'est-à-dire des propositions qui sont indémontrables mais que l'on admet au titre de point de départ des déductions. La conséquence est que la certitude mathématique devient formelle et hypothétique ; les mathématiques ne portent que sur des connexions logiques, idéales, leur vérité ne consiste pas dans leur accord avec le réel, mais dans leur seule cohérence logique.

... enfin Kurt Gödel (1906-1978) qui démontra l'impossibilité de fonder absolument un système logique complet et consistant.

Qu'est-ce que le théorème de Gödel ?

Kurt Gödel (1906-1978) est un logicien et mathématicien autrichien. En 1931, il formule deux théorèmes décisifs concernant le fondement des mathématiques. De quoi s'agit-il ? Pour fonder la science mathématique, on espérait asseoir tous les théorèmes et les propriétés sur un ensemble restreint de propositions initiales (appelées « axiomes »). Ainsi, les mathématiques se présenteraient comme un ensemble déductif complet et consistant (c'est-à-dire non contradictoire). Mais Gödel ruina cet espoir en démontrant l'incomplétude de l'axiomatisation : « On peut démontrer rigoureusement que dans tout système formel consistant [...] il existe des propositions arithmétiques indécidables et que, de plus, la consistance d'un tel système ne saurait être démontrée à l'intérieur de ce système » (Nagel, Newman, Gödel, *Le Théorème de Gödel*).

Autrement dit, dans un système mathématique (ou logique) axiomatisé, il existe toujours des propositions qu'on ne peut pas déduire des axiomes. Par conséquent, les mathématiques sont incomplètes ou non-consistantes. Le modèle de rationalité que sont les mathématiques souffre d'une faille.

Ce sont donc les prétentions scientifiques du logicisme qui durent être révisées. Car, s'il reste incomplet dans ses applications, le projet logiciste aura néanmoins concouru à la naissance de la philosophie analytique qui projette une compréhension nouvelle du langage, jusqu'à saisir les incidences qu'a celui-ci pour la pensée philosophique elle-même.

La philosophie du langage ordinaire

▪ Quine : une conception pragmatique du langage

Willard Van Orman Quine (1908-2000) est un des auteurs anglo-saxons les plus importants du XXe siècle. *Le Mot et la Chose* publiée en 1960 est son œuvre la plus représentative. Si la signification d'un mot n'est pas « dans la tête » d'un sujet, puisqu'elle existerait objectivement, il n'en reste pas moins que c'est en tant que signification qu'il faut la comprendre. La compréhension d'une notion, ou son intention, est la proposition exprimée par l'énoncé, à laquelle Frege et Russell accordaient une existence objective idéale. Ainsi, l'énoncé « Paul croit que le Père Noël existe » a pour objet la proposition « le Père Noël existe », qu'on peut retrouver dans d'autres énoncés. Or, Quine refuse l'existence de telles propositions objectives. Quelle est la raison de ce refus ? Il considère que de telles propositions objectives et idéales sont abstraitement séparées de l'expérience. Or telle est justement sa thèse : défendre une conception pragmatique du langage.

Le sens des mots : une question de culture

Allant plus loin que Frege dans la critique du psychologisme, Quine propose d'ordonner le sens des mots à des comportements strictement observables. Le problème de la traduction illustre bien sa conception du langage. Lorsque je traduis « mon chat est noir » par « *my cat is black* », n'y a-t-il pas un sens indépendant et commun aux deux phrases ? Quine soutient le contraire : le sens d'un mot ne repose ni sur des processus psychologiques internes et individuels, ni sur des significations idéales et objectives, mais sur des expériences et une culture. L'élimination de toute objectivité mentale assied le langage sur des comportements directement observables. Quine propose ainsi une conception essentiellement pragmatique du langage.

Vous avez dit « traduction » ?

La traduction est un des enjeux de toute réflexion sur le langage. Au-delà de la conception commune, selon laquelle traduire consisterait simplement à remplacer un mot d'une langue par celui qui lui correspond dans une autre, Quine défend l'idée que la traduction exacte est, en fait, impossible. Il n'y a pas, autrement dit, de correspondance adéquate entre les vocabulaires et les syntaxes de langues différentes car la signification d'un mot n'est pas une entité idéale et objective mais une notion vague. Si un explorateur devait traduire la langue d'une peuplade totalement inconnue, il ne parviendrait pas à des énoncés certains. Il faudrait observer la vie du peuple et en déduire des énoncés observationnels. De tels énoncés n'auraient qu'un caractère hypothétique et, par suite, on ne parviendrait qu'à une traduction indéterminée et limitée. Selon l'exemple fictif de Quine, « Xyz », dans la langue du peuple en question, pourrait signifier « la lune », « les phases de la lune » ou encore « la déesse de la lune ». La traduction que notre explorateur pourrait faire du terme « Xyz » sera toujours indéterminée puisque concurrencée par d'autres interprétations.

Qu'est-ce que parler ?

En effet, si les premiers éléments de réflexion sur le langage apportés par Russell et Wittgenstein permettent bien d'abandonner toute notion de représentation au profit de la notion désormais fondamentale de signification, néanmoins leurs approches du langage restent partielles. Ainsi, si le langage est exclusivement compris comme étant constitué de propositions qui représentent le monde, quel statut octroyer aux énoncés normatifs ? Car, lorsque je dis « tu dois », je ne décris pas un état du monde mais je donne une règle à l'action future. Peut-on mettre entre parenthèses tous les énoncés normatifs en jeu dans le domaine moral ? Parler, est-ce essentiellement décrire scientifiquement le monde ? Le logicisme est en effet une réduction du langage à un ensemble d'énoncés vrais ou faux. Or, parler, ce n'est pas seulement nommer des objets, c'est aussi poser des questions, donner des ordres, persuader, contracter ou promettre.

Langue logique et langage ordinaire

Il y a donc bien un décalage entre la « langue logique », langue artificielle qui prend exclusivement en charge le problème de la vérité et de la connaissance, et le langage ordinaire, qui ne saurait être réduit à ce projet. Le langage ordinaire ne se laisse pas appréhender seulement comme un calcul. Il est nécessaire de distinguer deux projets : le premier vise à établir une langue propre à saisir la vérité (dire ce qui est) et le second s'ordonne au langage ordinaire. Il s'agit alors d'étudier son fonctionnement, c'est-à-dire l'activité langagière des hommes telle qu'elle a lieu effectivement dans la multiplicité de leurs échanges quotidiens. Cela suppose un changement de paradigme : abandonner le point de vue syntaxique et sémantique de la structure au profit du point de vue pragmatique de l'usage et du contexte dans lequel on a recours au langage.

Vous avez dit « paradigme » ?

Au sens ordinaire, un paradigme est un modèle exemplaire. Plus précisément, le terme permet de désigner, dans les sciences, un modèle théorique utilisé pour rendre intelligible la réalité étudiée, c'est-à-dire un ensemble cohérent de postulats, de règles et de manières de considérer l'objet de l'enquête.

De la logique à l'action

L'œuvre de Quine, en insistant sur l'aspect pragmatique du langage, a révélé les limites de cette "logicisation" excessive, et a ainsi préparé au second "tournant linguistique" qui aura lieu dans les années cinquante. Il reviendra à Wittgenstein et à Austin d'élargir dans ce sens la philosophie analytique, non plus restreinte à la fonction cognitive du langage (dire ce qui est, décrire et représenter le monde), mais ouverte à l'ensemble de ses usages concrets et effectifs. La pensée de Quine sera également prolongée par D. Davidson (1917-2003), qui s'intéressera à l'action, N. Goodman (1908-1998) et H. W. Putman (né en 1926).

Le « second Wittgenstein » : développement de la philosophie analytique

L'usage du langage

L'originalité de la philosophie de Wittgenstein est ici décisive. À partir d'une critique renforcée du projet russellien et de son propre *Tractatus*, il réoriente l'interrogation sur le langage ordinaire en abandonnant les problèmes liés à la fondation de l'activité scientifique. En effet, l'ambition de fonder les mathématiques sur la logique implique à son tour de fonder la logique. Or un tel savoir transcendantal ne saurait exister selon Wittgenstein qui soutient qu'il n'y a pas de point de vue extérieur au langage (métalangage). Wittgenstein se désintéresse du langage comme moyen d'accès à la vérité et se met à l'étudier dans ses usages courants. C'est pourquoi l'on parle de philosophie du langage ordinaire.

> « *J'avais cru auparavant qu'il y avait le langage courant, celui que nous tous parlons habituellement et une langue qui exprime ce que nous connaissons véritablement, à savoir les phénomènes.* »
>
> **Wittgenstein, *Investigations philosophiques***

Au fur et à mesure qu'il met en forme sa critique, les notions d'usage et de jeu de langage gagnent en importance :

> « *Ne pose pas de questions sur la signification, mais sur l'usage.* »
>
> **Wittgenstein, *Investigations philosophiques***

Nous connaissons la signification d'un mot lorsque nous connaissons son usage, c'est-à-dire les règles qui régissent son emploi. La signification n'est donc pas inhérente au mot lui-même, ni au sujet qui s'en sert. Elle implique les deux.

Parler pour communiquer et s'exprimer

Parce que le langage n'est pas essentiellement descriptif, la logique ne peut prétendre rendre compte du fonctionnement de la langue, beaucoup plus riche et divers. La signification d'un mot ne peut être réduite à être une étiquette sur une chose. Or l'analyse sémantique du langage privilégie le nom qui dénote une réalité individuelle, ce qui enclenche ensuite les problèmes ontologiques cherchant à déterminer quelles sont les entités ultimes que nous pouvons admettre légitimement. En abandonnant ce point de vue logique sur le langage, il n'est plus nécessaire de limiter drastiquement ses usages ; leur pluralité n'est plus une source d'opacité et d'erreur, mais une richesse qu'il convient de pénétrer. Tout en restant fidèle à la compréhension de la philosophie qui l'anime – elle n'est ni une théorie scientifique, ni une ontologie, ni une métaphysique, mais une activité critique du langage –, Wittgenstein ne l'ordonne plus désormais à l'exigence de véracité logique, mais à une recension méticuleuse de ses usages. Le langage n'est pas seulement un ensemble de signes, c'est un ensemble de signes pour l'expression et la communication avec autrui. Il ne s'agit plus de purifier le langage naturel pour mettre sur pied une langue logique où tous les symboles correspondent adéquatement à des réalités, mais d'étudier la langue ordinaire telle que les locuteurs l'utilisent quotidiennement dans leurs paroles et les échanges.

L'élaboration d'une grammaire philosophique descriptive

Wittgenstein propose d'élaborer une grammaire philosophique, c'est-à-dire non une grammaire normative qui réglementerait les usages légitimes (il faut « laisser les choses en l'état », selon sa formule), mais une grammaire descriptive qui "observe" les conditions effectives d'emploi d'une expression, elles-mêmes solidaires d'une expérience du monde. La notion de jeu de langage (*Sprachspiel*) prend en charge cette orientation pragmatique.

Le langage a plus d'une fonction

La signification est renvoyée à ses usages effectifs dans ses différentes occurrences. Or chaque usage renvoie à une situation pratique particulière. Il convient donc de considérer la solidarité entre la signification linguistique et l'ensemble des comportements et des pratiques auxquels elle est attachée :

« *Comprendre une phrase, c'est comprendre un langage. Comprendre un langage signifie maîtriser une technique.* »

Wittgenstein, *Investigations philosophiques*

Cet accent sur le contexte effectif contraste avec l'analyse logique et normative du langage qui décontextualisait systématiquement l'usage d'une expression. La reconnaissance de la pluralité des jeux de langage, qui renvoie par analogie aux jeux, eux-mêmes divers, oblige à renoncer à la recherche d'une fonction unique du langage.

Le langage n'a pas de fondement transcendantal

De plus, comme dans les jeux, le langage est fait de règles dont nous dépendons et qui conditionnent nos usages :

« *Nous demeurons inconscients de la diversité prodigieuse de tous nos jeux de langage quotidiens, parce que l'habillement de notre langage rend tout semblable.* »

Wittgenstein, *Investigations philosophiques*

Ces usages réglés sont collectifs ; ils s'enracinent dans des « formes de vie naturelle » :

« *Le mot jeu de langage doit faire ressortir ici que parler du monde fait partie d'une activité ou d'une forme de vie.* »

Wittgenstein, *Investigations philosophiques*

Cela revient à critiquer l'hypothèse du langage privé. Le langage ne s'enracine pas empiriquement dans des sensations privées (par exemple, l'expérience de la douleur ou la perception d'une couleur), ni dans des reconstructions idéalistes et solipsistes qui mettent entre parenthèses le monde vécu. Si la signification d'un mot repose sur des états privés de l'individu, on devrait conclure de manière sceptique que rien ne peut garantir la communication avec autrui, ce qui est contraire aux faits. Enfin, Wittgenstein refuse tout fondement transcendantal :

« *Le jeu de langage ne repose sur aucun fondement. Il n'est pas raisonnable (ni non plus non raisonnable). Il est là comme notre vie.* »

Wittgenstein, *Investigations philosophiques*

▪ Austin : dire, c'est faire

Représentant principal de la philosophie du langage ordinaire, John Longshaw Austin (1911-1960), professeur de philosophie à Oxford dès les années cinquante, est connu pour un ouvrage publié en 1952, *Quand dire, c'est faire*, qui expose une théorie complète des actes de langage. Austin remet en question le préjugé qui réduit nos énoncés aux seules affirmations, vraies ou fausses, qui prétendent décrire un état de fait. Un grand nombre de nos phrases ne sont en effet ni vraies ni fausses et sont pourtant dotées d'un sens. S'excuser ou pardonner sont des actes de langage. Qu'il s'agisse de l'impératif (« donne-moi du pain ! »), du souhait (« pourvu qu'il fasse beau ») ou encore d'exclamations, notre usage du langage exige des distinctions supplémentaires. Austin propose donc de séparer les phrases constatives des phrases performatives (de l'anglais *to perform*, accomplir) :

« *Formuler un tel énoncé, c'est effectuer l'action.* »

Austin, *Quand dire, c'est faire*

Autrement dit, dire, c'est déjà faire quelque chose.

En fait, la frontière entre les phrases constatives et performatives est plus floue qu'il n'y paraît à première vue. En effet, lorsqu'un président de séance dit : « Je déclare la séance ouverte », il s'agit à la fois d'un constat qui décrit un état de fait vrai, et d'une phrase performative, puisqu'en disant cela il ouvre effectivement la séance. Austin découvre que, fondamentalement, tous les énoncés sont des actes. Il les range dans trois catégories : l'acte locutionnaire (l'acte de dire quelque chose), l'acte illocutionnaire (l'acte accompli en disant quelque chose) et l'acte perlocutionnaire (l'acte accompli par le fait de dire quelque chose).

Pour conclure ce chapitre complexe, rappelons qu'au-delà de l'enchevêtrement des soigneuses constructions logiques dont nous n'avons pu donner le détail, le projet logiciste représente une reprise originale de la fondation philosophique de la vérité. Il en ressort une logique contemporaine profondément renouvelée qui cependant ne parvient pas à trouver son fondement ultime et qui se diffractera en une pluralité de systèmes. La philosophie analytique qui s'adosse à cette nouvelle analyse logique place la notion de signification au cœur de sa compréhension et approfondit la triple dimension syntaxique, sémantique et pragmatique du langage. Elle aboutit à la constitution d'une nouvelle méthode d'élucidation des problèmes philosophiques. Enfin, la philosophie du langage ordinaire renouvelle cette première perspective en retrouvant les enjeux politiques, sociaux et moraux dont le langage est porteur. Désormais, on ne peut plus ignorer l'épaisseur du langage dans notre appréhension du monde ; il est devenu une dimension des problèmes philosophiques parce qu'il est la dimension même de la pensée.

Pour aller plus loin

Découvrir les auteurs

John Austin, *Quand dire c'est faire* (1952), Éd. du Seuil, 1991.
Gottlob Frege, *Écrits logiques et philosophiques* (1879-1925), Éd. du Seuil, 1994.
Willard Quine, *Le Mot et la Chose*, Flammarion, 1977.
Willard Quine, *Philosophie de la logique*, Aubier, 2008.
Bertrand Russell, *Histoire de mes idées philosophiques* (1959), Gallimard, 1988.
Ludwig Wittgenstein, *De la certitude*, Gallimard, 1976.
Ludwig Wittgenstein, *Tractatus logico-philosophicus* (1921), suivi de *Investigations philosophiques* (1936-1939), Gallimard, 2001.

Approfondir par la lecture d'études

René Blanché, *La Logique et son histoire*, Armand Colin, 1996.
Jean-Pierre Belna, *Histoire de la logique*, Ellipses, 2005.
Michael Dummett, *Les Origines de la philosophie analytique*, Gallimard, 1991.
Pascal Engel, *Précis de philosophie analytique*, PUF, 2000.
Éric Grillo, *La Philosophie du langage*, Éd. du Seuil, 1997.
Pierre Jacob, *L'Empirisme logique : ses antécédents, ses critiques*, Éd. de Minuit, 1980.

« Logicisme et philosophies analytiques » en questions

Qui l'a dit ?

Saurez-vous reconnaître parmi la liste qui suit les auteurs des citations suivantes ?

1. « Sur ce dont on ne peut parler, il faut garder le silence. »

2. « La philosophie est la lutte contre l'ensorcellement de notre entendement par les moyens de notre langage. »

3. « Tout problème philosophique, soumis à une analyse et à une élucidation indispensable, se trouve ou bien n'être pas philosophique du tout ou bien logique. »

4. « La philosophie tout entière, c'est la logique. »

5. « Qu'on ne prenne pas la description de l'origine d'une représentation pour une définition. Et qu'on ne tienne pas les conditions psychologiques et corporelles de la conscience d'une proposition pour une preuve, qu'on ne confonde pas la conscience d'une proposition avec sa vérité. On ne doit jamais oublier qu'une proposition ne cesse pas plus d'être vraie quand je n'y pense pas, que le soleil n'est anéanti quand je ferme les yeux. Sinon on se verra obligé de faire entrer en ligne de compte la teneur en phosphore du cerveau dans la preuve du théorème de Pythagore. »

Auteurs :

A. Frege

B. Russell

C. Descartes

D. Whitehead

E. Wittgenstein

QCM

1. Qui appelle-t-on le « Descartes de la philosophie contemporaine » ?

A. Russell

B. Wittgenstein

C. Frege

D. Quine

2. Le logicisme de Frege et Russell est...

A. une théorie logique.

B. une théorie qui fonde les mathématiques sur la logique.

C. une théorie qui critique la logique.

D. une philosophie du langage.

3. Qu'est-ce que la philosophie analytique ?

A. Un courant philosophique contemporain.

B. Une philosophie qui fait de l'analyse logique du langage une méthode pour parvenir à la vérité.

C. Une philosophie du langage qui analyse les mots.

D. Une philosophie médiévale de l'analyse.

4. Pour Austin, parler, c'est aussi...

A. exprimer une opinion.

B. communiquer.

C. effectuer une action.

D. penser.

5. Wittgenstein définit la philosophie comme...

A. une science systématique.

B. une clarification du langage.

C. une langue logique.

D. la recherche de la vérité.

Réponses en page 194.

Chapitre 4

■ ■ ■

La phénoménologie de Husserl

La phénoménologie est un courant décisif du XXe siècle. Le projet de Husserl est d'établir les fondements de la vérité scientifique et de la connaissance philosophique en évitant les écueils du psychologisme et du positivisme. La phénoménologie a considérablement renouvellé la philosophie au XXe siècle. À partir des travaux originaux de Husserl, le projet phénoménologique s'ouvrira à de nouvelles problématiques et se continuera dans des œuvres aussi diverses que celles de Heidegger, Arendt, Patocka, ou, en France, Sartre et Merleau-Ponty. L'existentialisme, l'herméneutique ou la philosophie de la vie mobiliseront la phénoménologie qui devient ainsi l'une des sources vives de la pensée contemporaine.

Edmund Husserl (1856-1938), philosophe allemand, eut pour étudiants et disciples les grands noms de la philosophie allemande contemporaine : Löwith, Koyré, Gadamer, Heidegger, Fink. Il enseigna à l'université de Fribourg de 1916 à 1928. Il est démis en 1933 de ses fonctions de professeur par le régime nazi en raison de son ascendance juive. Il meurt à 79 ans en 1938. 45 000 pages de notes sténographiées sont alors transportées clandestinement à l'université de Louvain, où se publient depuis les *Husserliana*. Il publiera *Recherches logiques* (1910-1911), *La Phénoménologie comme science rigoureuse* (1911), *Idées directrices pour une phénoménologie* (1913), *Qu'est-ce que la phénoménologie ?* (1929) et *La Crise des sciences européennes et la Phénoménologie transcendantale* (1936).

Naissance de la phénoménologie

▪ Le point de départ : les mathématiques

Husserl s'intéresse en premier lieu aux mathématiques qui ont un statut privilégié dans la mesure où elles assurent le fondement rationnel des autres sciences expérimentales et donc, d'une manière générale, de la vérité. Les questions fondamentales des mathématiques sont des questions philosophiques. En l'occurrence, Husserl se penche sur le problème de la réalité du nombre. Il se situe dans le sillage de la réflexion de Frege et du projet logiciste de Russell (voir page 45). Frege adressera d'ailleurs à Husserl une critique décisive de sa *Philosophie de l'arithmétique* publiée en 1891. Cependant, Husserl développera une réponse originale qui, à terme, donnera naissance à la phénoménologie.

La question est de savoir si le nombre est une idéalité qui existe en elle-même ou non. Une telle interrogation, qui enquête sur la réalité d'un être, est qualifiée d'ontologique (qui est relatif à l'être, du grec *ta onta*, « les choses qui sont »). Karl Weierstrass (1815-1897), le père de l'analyse moderne (branche des mathématiques qui traite des notions de limite, continuité, dérivation et intégration), développa l'idée que le nombre procède de l'acte de numération. Pour deux raisons, une telle thèse était pourtant fragile. *Primo*, parce que tous les nombres ne sont pas accessibles par l'acte de compter ; ainsi, les nombres irrationnels par exemple (nombre réel qui ne peut pas s'écrire sous la forme de fraction avec des entiers relatifs : $\pi, \sqrt{}$, etc.). *Secundo*, parce que le nombre, s'il procède de l'opération empirique d'un esprit individuel, est également un être idéal séparé de toute réalité empirique. Comme pour Frege, le point de départ de la méditation de Husserl est la critique du psychologisme.

▪ Critique du psychologisme

Psychologie et psychologisme

Le psychologisme doit être distingué de la psychologie. Celle-ci, aussi ancienne que la philosophie, constitue une théorie de l'âme (*psuchè* en grec), de ses fonctions et de ses rapports avec le corps. La psychologie traditionnelle, appelée également « psychologie rationnelle », faisait partie de la métaphysique. Elle étudiait l'âme sans la séparer du reste de l'existence, en utilisant des moyens uniquement conceptuels. À partir du XIXe siècle, la psychologie s'émancipe de sa tutelle philosophique et devient expérimentale.

Pour Franz Brentano (1838-1917), la psychologie descriptive précède toutes les autres sciences (*Psychologie du point de vue empirique*, 1874). Il affirme que nos concepts et nos raisonnements sont des réalités psychiques, qu'ils sont les résultats empiriques des propriétés naturelles de notre cerveau. La logique serait donc dépendante des propriétés de nos processus de conscience. Cette conception fait reposer les sciences et leur ossature commune, la logique, sur la psychologie.

Contre une conception psychologisante de la logique

Sous le coup de la critique que Frege lui adresse, Husserl s'éloigne de la conception psychologisante de la logique de Brentano et rejoint la position de Frege et de Russell. Pour ces derniers, la réduction des sciences à leur pseudo-fondement psychologique est un écueil – d'où le terme péjoratif de psychologisme :

« Il est certain que le travail de la psychologie moderne n'a pas été vain : elle a produit nombre de règles empiriques qui ont même une grande valeur pratique. Mais elle est aussi peu une psychologie effective que la statistique morale, avec ses connaissances non moins précieuses, n'est une science de la morale. »

Husserl, *La Crise de l'humanité européenne et la Philosophie*

Autrement dit, les affirmations scientifiques (les jugements) ne sont pas que des actes psychologiques d'un individu se représentant des objets dans son cerveau. Elles ont une dimension logique essentielle. N'est-il pas vrai que les vérités mathématiques sont indépendantes du sujet ? Les concepts et les raisonnements qui les soutiennent sont profondément logiques. C'est dans cette perspective que Russell et Whitehead font considérablement progresser la logique contemporaine en distinguant nettement les lois causales qui régissent l'ensemble des processus cérébraux des lois logiques, ou idéales, qui transcendent les actes singuliers d'appréhension et qui permettent de mesurer la justesse d'une pensée, c'est-à-dire sa vérité. Tandis que le psychologisme ruine l'idée de vérité, dissout toute objectivité et aboutit à un scepticisme insoutenable, la logique, au contraire, se donne *a priori* comme vraie et universelle.

« *Ce que la proposition énonciative est un nombre transcendant veut dire, ce que nous comprenons par là quand nous la lisons ou ce que nous visons quand nous l'énonçons n'est pas un aspect individuel, qui se contenterait de réapparaître à chaque fois, de notre vécu mental. Cet aspect est d'un cas à l'autre de toute façon individuellement différent, alors que le sens de la proposition doit être identique. Quand nous, ou n'importe quelle autre personne, répétons la même proposition avec la même intention, chacun a ses phénomènes, ses mots, ses moments de compréhension. Mais, en regard de cette multiplicité illimités de vécus individuels, ce qui est exprimé en eux est partout quelque chose d'identique, le même au sens le plus strict du mot. La signification de la proposition ne s'est pas multipliée avec le nombre des personnes et des actes, le jugement au sens logique idéal est un.* »

Husserl, *Recherches logiques*

La voie de Husserl : poser les fondements de la phénoménologie

Husserl critiquera avec la même conviction et des arguments similaires le psychologisme. Il posera cependant un autre problème : comment, se demande-t-il, les idéalités logiques sont-elles saisies par un esprit singulier ? Comment un être idéal peut-il être appréhendé par un acte de conscience ? Cette interrogation sera conduite dans les *Recherches logiques,* publiées en 1900-1901. Husserl nomme phénoménologie philosophique l'élucidation de la logique pure par une étude des actes de conscience dans lesquels les significations logiques se constituent. Il cherche à fonder la logique sur les actes de l'esprit qui la soutiennent. Ces actes sont des vécus de conscience dans lesquels les entités logiques sont visées. Par là, Husserl découvre deux notions fondamentales : le phénomène et l'intentionnalité.

© Groupe Eyrolles

Le projet husserlien ne se réduit cependant pas à une stricte fondation de la logique. L'enjeu consiste également à se débarrasser du naturalisme qui considère l'esprit et ses productions (la culture, les valeurs, la science) comme des choses. Ce naturalisme est adossé au positivisme qui rétrécit la connaissance scientifique à de simples faits partiels sans saisir l'activité de l'esprit qui la constitue et qui en est la source, le fondement. Seule une authentique philosophie peut ainsi comprendre et fonder l'activité scientifique. Selon une métaphore verticale, la phénoménologie "descend en deçà" de l'activité scientifique, elle explore les actes de conscience qui sont à la source de l'activité scientifique.

▪ Le phénomène, essence donnée de la chose perçue

La notion de phénomène (du grec *phainomenon*, ce qui se montre) – qui donne son nom au courant philosophique – a plusieurs sens. Pour bien le comprendre ici, il faut évacuer les significations habituelles (fait naturel que l'on observe, créature impressionnante, etc.). On ne retiendra pas non plus le sens philosophique classique car le phénomène, au sens husserlien, n'est pas l'apparence trompeuse d'une réalité dont l'être caché serait la vérité. Ce dualisme métaphysique — hérité de l'Antiquité grecque, déjà attaqué par Nietzsche au XIXe siècle – est abandonné par la phénoménologie. Il n'y a pas l'apparence et "derrière" elle l'être véritable. Il n'y a qu'une seule réalité et elle est phénoménale. Il n'y a *que* les phénomènes tels qu'ils se donnent à nous et rien "derrière".

Le phénomène désigne la chose en tant qu'elle apparaît à la conscience. Husserl soutient que l'essence des choses apparaît à la conscience dans une intuition. Le phénomène n'est pas la chose extérieure que je perçois, mais l'essence de la chose en tant qu'elle est donnée à ma conscience qui la vise intentionnellement. Ainsi, un carré possède une essence, qui est composée des propriétés qui constituent l'être géométrique qu'est le carré. Il en va de même pour toutes les réalités, pour tous les domaines d'expérience dont chacun ouvre un champ d'étude spécifique. La phénoménologie – c'est-à-dire l'authentique philosophie – élucide ces essences et ces domaines d'expérience.

Elle se fonde sur la réflexion et l'intuition de l'essence des choses, c'est-à-dire les choses mêmes – c'est pourquoi le mot d'ordre de Husserl est « le retour aux choses elles-mêmes » (*auf die "Sachen selbst" zurückgehen*).

L'attitude naturelle

Le phénomène n'est pas ce qui est manifeste et les choses mêmes ne sont pas les choses ordinaires que je perçois quotidiennement et qui paraissent exister extérieurement et indépendamment de moi. Husserl appelle « attitude naturelle » cette croyance, spontanée et naïve, qui consiste à croire (sans réfléchir à cette croyance même) que la réalité est un tout passivement perçu, dont ma conscience et mon existence font partie au même titre que les autres choses, un "fait". Dans l'attitude naturelle, la réalité est vécue comme un en-soi transcendant, c'est-à-dire comme si la réalité était indépendante et étrangère à la conscience.

> « *L'attitude d'esprit naturelle n'a encore aucun souci d'une critique de la connaissance. Dans l'attitude d'esprit naturelle, nous sommes tournés, par l'intuition et la pensée, vers les choses qui dans chaque cas nous sont données [...]. Dans la perception par exemple, une chose se trouve devant nos yeux ; elle est là au milieu des choses, animées et inanimées, c'est-à-dire au milieu d'un monde.* »

Husserl, *L'idée de la phénoménologie*

L'*épokhè*, méthode phénoménologique

Pour révéler cette attitude naturelle inconsciente, c'est-à-dire ce rapport particulier au monde, il faut la mettre entre parenthèses. Cette suspension – réduction phénoménologique ou *épokhè*, terme directement emprunté au grec – n'est pas comparable au doute. Il ne s'agit pas, comme, dans la pensée de Descartes, de douter de l'existence de ses sensations et du monde extérieur, mais de convertir son regard, d'être attentif à la manière dont les choses nous apparaissent, d'orienter son attention vers les vécus de conscience dans lesquels se constitue le monde pour nous, d'être attentif à l'activité de l'esprit quand il vise un phénomène.

■ L'intentionnalité : une nouvelle conception de la conscience

Lorsqu'on met en suspens cette attitude naturelle et inconsciente, lorsque l'on prend du recul par rapport à cette habitude, on découvre l'intentionnalité de la conscience.

« *Le mot intentionnalité ne signifie rien d'autre que cette particularité foncière et générale qu'a la conscience d'être conscience de quelque chose, de porter, en sa qualité de* cogito, *son* cogitatum *en elle-même.* »

Husserl, *Méditations cartésiennes*

La conscience est donneuse de sens

Prenons, à titre d'exemple, la perception d'un objet extérieur. Selon l'attitude naturelle, cet objet – un arbre au loin, un dé, une maison – est une chose tout à fait indépendante de moi. Or, en se concentrant sur la manière dont je la perçois, je découvre qu'elle m'est donnée dans une série d'esquisses, de silhouettes (*Abschattungen*), que la conscience rapporte à la chose en opérant une synthèse. C'est donc moi (le sujet, l'ego) qui constitue la chose en intégrant la série de ses manifestations.

La conséquence de cette réflexion est que la conscience est toujours "conscience de quelque chose" ; elle vise toujours un objet auquel elle accorde un sens. La conscience est donatrice de sens. Contrairement à ce que peut croire l'attitude naturelle, le monde reçoit son sens de l'esprit. L'objet en tant que visée par la conscience – c'est-à-dire le phénomène – est solidaire de la conscience elle-même.

La conscience se définit par ses actes

L'intentionnalité porte en elle une nouvelle conception de la conscience. Celle-ci n'est plus définie par un ensemble de facultés (l'imagination, l'entendement, etc.), mais comme étant un ensemble de vécus intentionnels. Elle se définit donc par des actes qui ont pour corrélats les phénomènes. Percevoir, imaginer, se souvenir sont des actes. Le second aspect important est l'ouverture qui caractérise la conscience car elle est d'emblée, en tant qu'intentionnelle, ordonnée à autre chose qu'elle.

Au-delà de la conscience intentionnelle, Husserl met à jour le rôle de la subjectivité dans la constitution des phénomènes, ce que le positivisme des sciences, qui ne s'interrogent pas réflexivement sur leurs propres activités, est incapable de reconnaître. Husserl nomme « ego transcendantal » cette subjectivité constituant le sens et l'unité du monde :

> « *Il est absurde de considérer la nature comme étrangère en elle-même à l'esprit, et ensuite d'édifier les sciences de l'esprit sur le fondement des sciences de la nature, avec la prétention d'en faire des sciences exactes.* »

Husserl, *La Crise de l'humanité européenne et la Philosophie*

Postérité de la phénoménologie

L'œuvre de Husserl s'achève de manière ambiguë mais néanmoins déterminante pour le courant phénoménologique. Après les *Recherches logiques*, le philosophe s'émancipe des seules idéalités logico-mathématiques et élargit son enquête à une fondation de la vérité en tant que telle. Husserl inaugure une phénoménologie transcendantale.

Vous avez dit « transcendantal » ?

Dans la philosophie de Kant, le terme désigne tout ce qui rend possible la connaissance. Ainsi le temps et l'espace sont des conditions de toute expérience possible et, par suite, de la connaissance : ce sont les conditions transcendantales. Le concept est au cœur de la philosophie de la *Critique de la raison pure* (1781) qui a radicalement bouleversé notre compréhension de la connaissance humaine. En un mot, disons que, pour Kant, la connaissance humaine est limitée par les structures du sujet transcendantal qui opère l'acte de connaître. C'est justement sur ce point que Husserl corrige la philosophie kantienne. Il considère que le sujet transcendantal kantien est un sujet intemporel et abstraitement séparé de l'objet qu'il connaît. C'est sur le sujet concret – l'ego transcendantal, qui n'est pas le moi empirique – que Husserl entend fonder l'accès à la vérité et dépasser l'opposition sujet-objet. C'est pourquoi il n'est pas question pour lui de chercher les conditions *a priori* de la connaissance : il faut aller aux choses mêmes et saisir les essences.

La phénoménologie transcendantale dérive progressivement vers un idéalisme où la conscience devient responsable de la constitution des objets du monde. Cherchant ensuite à « retrouver le monde » en s'attaquant à la question d'autrui (l'intersubjectivité) et à celle du monde de la vie (*La Crise de l'humanité européenne et la Philosophie*, 1935), Husserl laisse une œuvre inachevée et en partie problématique. On a pu considérer que la phénoménologie était à cet égard un échec dans la mesure où le projet d'une fondation pleine et entière de la vérité sur le sujet phénoménologique s'achève dans un solipsisme problématique.

Il n'en reste pas moins que la dernière philosophie d'Husserl porte une interrogation radicale : l'attitude théorique est-elle le seul rapport à l'être ? N'y a-t-il pas, en deçà de la scientificité, un monde de vie (*Lebenswelt*) qu'il convient d'étudier ? Cette dimension de l'œuvre est riche des développements qu'elle va susciter. La postérité d'Husserl est complexe. Nous retrouverons tout au long du XXe siècle des disciples infidèles. Comme le dit Ricœur, « la phénoménologie au sens large est la somme de l'œuvre husserlienne et des hérésies issues de Husserl ».

Tirons cependant deux conclusions.

- En premier lieu, Husserl a contribué à ouvrir la philosophie à de multiples objets vis-à-vis desquels les philosophies classique et moderne étaient restées jusque-là indifférentes. À titre d'exemples, les études d'Arendt sur le travail, l'action et la politique (voir page 164), ou de Merleau-Ponty sur la sexualité (voir page 97) le montrent. La phénoménologie ouvre la philosophie à des champs d'étude inédits.

- Deuxièmement, la phénoménologie husserlienne laisse à ses successeurs une méthode originale (le retour aux choses mêmes) ou plutôt une exigence, celle de penser en restant fidèle à l'expérience et à ses structures propres, en ayant le souci de ramener les réalités humaines à leur source, c'est-à-dire à l'esprit qui les constitue. Adopter un regard phénoménologique, c'est toujours se débarrasser de l'attitude naturelle et ne jamais considérer la conscience et la réalité humaine comme des choses, à l'instar des sciences exactes, mais comme le point de vue selon lequel il n'y aurait ni monde ni conscience ; c'est aussi vouloir retrouver la source vive de l'expérience et ne pas s'en tenir aux constructions théoriques appauvrissantes. La philosophie existencielle, l'herméneutique, la philosophie morale, juridique et politique sont donc redevables à la réflexion phénoménologique.

La phénoménologie en France

« L'œuvre de Husserl est le type de l'œuvre non résolue, embarrassée, raturée, arborescente ; c'est pourquoi bien des chercheurs ont trouvé leur propre voie en abandonnant leur maître, parce qu'ils prolongeaient une ligne magistralement amorcée par le fondateur et non moins magistralement biffée par lui » (Paul Ricœur, *À l'école de la phénoménologie*). Parmi les différents phénoménologues français récents (outre Ricœur, Sartre, Merleau-Ponty – voir chapitres 6, 7 et 12), citons : Jean-Toussaint Desanti (1914-2002), Michel Henry (1922-2002), Jacques Derrida (1930-2004), Jean-Luc Marion (né en 1946) et Marc Richir (né en 1943).

Pour aller plus loin

Découvrir Husserl
Edmund HUSSERL, *L'Idée de la phénoménologie*, PUF, 2000.
Edmund HUSSERL, *Méditations cartésiennes*, Vrin, 1980.
Edmund HUSSERL, *La Philosophie comme science rigoureuse*, PUF, 1989.

Approfondir par la lecture d'études
Renaud BARBARAS, *Autrui*, Quintette, 1989.
Françoise DASTUR, *Husserl. Des mathématiques à l'histoire*, PUF, 1995.
Jacques DERRIDA, *La Voix et le Phénomène*, PUF, 1998.
Eugène FINCK, *De la phénoménologie*, Minuit, 1974.
Laurent JOUMIER, *Lire Husserl*, Ellipses, 2007.
Jan PATOC#KA, *Qu'est-ce que la phénoménologie ?*, Millon, 2002.
Paul RICŒUR, *À l'école de la phénoménologie*, Vrin, 2004.

« La phénoménologie de Husserl » en questions

QCM

1. La phénoménologie est fondée par...

A. Frege.

B. Brentano.

C. Husserl.

D. Descartes.

2. Selon Husserl, la notion de phénomène désigne...

A. Une créature impressionnante.

B. Un être exceptionnel.

C. Une apparence trompeuse.

D. Ce qui apparaît à la conscience.

3. Qu'est-ce que la phénoménologie ?

A. Une philosophie des apparences.

B. Une philosophie des phénomènes ;

C. Une élucidation philosophique des phénomènes.

D. Une philosophie qui entend fonder la vérité.

4. Quel est le mot d'ordre de la phénoménologie ?

A. Laissons les choses telles qu'elles sont !

B. Revenons aux choses mêmes.

C. Distinguons l'être et ses apparences.

D. Vive les phénomènes !

Le mot manquant

Deux termes parmi le texte suivant ont été malencontreusement effacés. Saurez-vous compléter les phrases d'Husserl ?

« La vie quotidienne est (1). Vivre ainsi, c'est s'engager dans le monde qui nous est (2) par l'expérience, par la pensée ; c'est agir, c'est porter des jugements de valeur. Toutes ces fonctions intentionnelles de l'expérience, grâce auxquelles les objets sont simplement présents, s'accomplissent d'une manière impersonnelle : le sujet ne sait rien d'elles. Il en est de même de la pensée active : les nombres, les états de choses prédicatifs, les valeurs, les faits, les œuvres apparaissent grâce à un fonctionnement caché, se construisant degré par degré, mais c'est elles seules que nous voyons ». Husserl, *Idées directrices pour une phénoménologie*.

Réponses en page 194.

Chapitre 5

■ ■ ■

Heidegger, l'existence et l'être

Philosophe allemand, collaborateur de Husserl, Martin Heidegger (1889-1976) enseigna à l'université de Marburg et de Fribourg. Il oriente les acquis de la phénoménologie vers une interrogation ontologique et herméneutique. Il eut comme étudiante Hannah Arendt. En 1927, il publie son œuvre maîtresse, *Être et temps* (*Sein und Zeit*). Compromis avec le régime nazi en 1933, il sera promu recteur d'université. La politique de "dénazification" des Alliés après la Seconde Guerre mondiale le voit interdit d'enseignement public. En 1947, sa *Lettre sur l'humanisme*, adressée à Jean Beaufret (1907-1982), rompt le silence. Il enseignera ensuite de 1951 à 1957. Dans les années soixante, il sera régulièrement invité par le poète René Char (1907-1988) à des séminaires en France (séminaires du Thor). L'ampleur de son œuvre a profondément marqué la philosophie contemporaine. Parmi ses œuvres et ses cours, citons *Kant et le problème de la métaphysique* (1929), *Chemins qui ne mènent nulle part* (1950), *Nietzsche* (1946, 2 volumes).

L'analyse de l'existence humaine

■ Le *Dasein*

Récusant l'objectivation scientifique de l'homme et l'idée que toute notion de nature humaine puisse être éclaircie par une anthropologie positive de type scientifique, Heidegger s'engage dans une description de l'existence. Il confère au terme alle-mand *Dasein*, qui sert à désigner l'existence en général (le fait d'être), le sens très spécifique du mode d'être propre à l'homme. Les choses *sont* ; de l'homme seul on peut dire qu'il *existe*. Les choses sont simplement, car elles sont indifférentes à leur être. L'homme existe parce qu'il se rapporte à son être sur le mode de la compréhension et de la possibilité, de l'avoir-à-être. Exister n'est pas simplement être, comme une chose est, sans savoir qu'elle est, mais c'est être et se demander ce qu'être signifie. Pour ce qui est de l'homme, cette question ne se superpose pas à son être : elle est constitutive de son être.

Vous avez dit « objectivation scientifique » ?

Heidegger s'inscrit en faux contre l'objectivation scientifique. Cela signifie que pour la vérité de l'existence humaine ne correspond pas aux connaissances abstraites et partielles que les sciences peuvent accumuler, connaissances qu'il faut ressaisir à partir d'une compréhension de ce qu'*être* signifie pour l'homme. Heidegger s'inscrit ainsi dans le sillage de la critique de la science de Husserl.

L'ouverture au monde

Heidegger entame alors une analyse du *Dasein*. Il ne s'attache pas aux comportements individuels mais aux grandes structures ontologiques de l'existence humaine – c'est-à-dire aux dimen-sions de l'être de l'homme. Le premier trait fondamental qui caractérise l'existence humaine, c'est l'ouverture au monde et aux autres êtres. L'existence n'est pas le fait d'un sujet conscient de soi et désincarné mais d'abord le fait d'être situé dans un monde ici et maintenant, *hic et nunc,* comme disaient les scolas-tiques médiévaux : je me découvre comme un être singulier existant et lié à un lieu et à un temps, c'est-à-dire une époque.

L'homme, un être hors de lui...

L'existence s'entend aussi comme projection de moi-même hors de moi-même (c'est le sens étymologique du latin *existere*) vers le monde. Retenant de Husserl que la conscience est toujours conscience de quelque chose (l'intentionnalité), Heidegger affirme qu'elle est toujours ouverture au monde et visée de sens. Elle n'est pas un état mais un mouvement. Je ne peux prendre conscience de moi-même que dans ma relation au monde et je

© Groupe Eyrolles

ne peux rejoindre le monde qu'à partir de moi-même. En tant que j'existe, je suis au monde (*in-der-Welt-sein*). Je ne projette pas hors de moi ce qui est en moi, mais je suis d'emblée hors de moi, au monde. Ce n'est qu'en me plaçant au niveau de la réflexion abstraite que je puis artificiellement isoler une « intériorité subjective ».

... jeté dans le monde

Cette compréhension originale de l'existence humaine abolit la conception classique et rationaliste du sujet comme un être substantiel, n'ayant besoin de rien d'autre pour exister, prenant conscience de lui-même dans la suspension de son rapport au monde – tel le *cogito* de Descartes. Elle abolit également la conception d'un être constitué d'une âme et d'un corps, c'est-à-dire un être composé d'intelligible et de sensible, un *animal rationale* selon la définition philosophique canonique. L'être-au-monde est un ; la conscience est incarnée dans cette situation vécue et cette ouverture au monde. Heidegger appelle souci *(Sorge)* la structure générale de l'existence. Il dénonce la conception du sujet classique comme une pure présence à soi toujours identique à lui-même. L'être-au-monde caractérise l'existence. L'homme est jeté dans le monde et existe toujours comme projet de soi.

Vous avez dit « cogito » ?

Le notion de *cogito*, qui signifie « je pense » en latin, fait explicitement référence à Descartes – le célèbre « je pense donc je suis », *cogito ergo sum* du *Discours de la méthode* (1637). Pour Descartes le sujet se découvre lui-même comme un être pensant ; la relation au monde et aux autres, comme à tous les aspects concrets de l'existence, n'est pas première. C'est une telle indépendance du sujet (du *cogito*) que Heidegger remet en question.

▪ Une existence dans le temps

La question de la temporalité

Dès lors que l'existence est projet, le temps prend une importance fondamentale :

« *La temporalité constitue le sens originaire d'être du Dasein.* »

Heidegger, *Être et temps*

Cependant, il n'est pas question ici du temps scientifique spatialisé qui étale le long d'une ligne des instants ponctuels sans épaisseur, sans durée vitale. Une telle compréhension théorique privilégie le présent. Le temps est décrit comme le passage de l'avenir – qui n'est pas encore – se déversant dans le présent et devenant à son tour passé – qui n'est plus. Heidegger insiste au contraire dans sa description sur le fait que le sujet est toujours en devenir, ouvert au monde, toujours affecté par la différence, dans l'incapacité d'échapper à la marque de l'altérité. L'avenir prime sur le présent dans l'expérience temporelle du *Dasein*.

L'être-pour-la-mort

Si l'existence, puisqu'elle est projet, est toujours soucieuse de l'avenir, elle se déploie selon une temporalité finie, c'est-à-dire à partir de la mort. Mais celle-ci n'est plus pensée comme le terme "extérieur" à la vie, mais se voit reconnaître le statut d'une dimension fondamentale de l'existence.

« Sitôt qu'un homme vient à la vie, il est tout de suite assez vieux pour mourir. »

Heidegger, *Être et temps*

C'est pourquoi la mort – quoique le moment du décès soit indéterminé – est une dimension fondamentale de l'existence.

« La mort, en tant que fin de la réalité humaine, en est la possibilité absolument propre, inconditionnelle, certaine et, comme indéterminée, indépassable. »

Heidegger, *Être et temps*

Comment la mort pourrait-elle être une dimension de l'existence ? On ne peut faire l'expérience de sa propre mort. La mort, pour moi, c'est d'abord la mort des autres. Cependant l'expérience du deuil – de l'absence du défunt – n'est pas celle de la mort. Le deuil est l'expérience d'une perte irréparable. Il n'est pas encore une expérience de la mort.

« *La mort se dévoile certes comme une perte, mais plutôt comme une perte que les survivants éprouvent : dans cette épreuve, le mourir ne devient pas comme tel accessible. Nous n'expérimentons pas véritablement le mourir des autres.* »

Heidegger, *Être et temps*

Heidegger ne vise pas la mort comme événement biologique terminal. Il ne s'appuie pas non plus sur les différentes disciplines qui interrogent la mort : la théologie qui affirme l'existence d'une vie après la mort, la psychologie qui scrute ce qui se passe dans l'âme dans ses derniers instants, ou l'éthique qui demande si la mort est un mal. Heidegger se situe au niveau de l'analyse d'une structure de l'existence qu'il appelle « l'être-pour-la-mort » (*Sein-zum-Tod*).

L'être-pour-la-mort désigne le devancement que l'être a de sa disparition irréductible, la conscience de la possibilité de l'impossibilité de son existence. Assumer cette dimension de l'existence, c'est s'interroger sur le sens que peut avoir pour nous la possibilité de notre inexistence. Heidegger précise encore que ce n'est pas dans la vie quotidienne, où nous vivons inauthentiquement comme si nous n'allions jamais mourir, que nous pouvons accéder à cette conscience, mais dans l'expérience si singulière de l'angoisse. Il ne s'agit donc pas d'une pensée pessimiste mais d'une reconnaissance de la mortalité et de la temporalité finie de l'existence humaine.

« *La mort est la possibilité de la pure et simple impossibilité du Dasein. Ainsi la mort se dévoile-t-elle comme la possibilité la plus propre, absolue, indépassable.* »

Heidegger, *Être et temps*

Vous avez dit « angoisse » ?

L'angoisse est un concept particulier ; il désigne une peur dont la caractéristique n'est pas tant son intensité que le fait qu'elle n'a apparemment pas d'objet. La peur est la crainte d'une menace réelle, l'angoisse est une peur très vive alors que rien ne menace le sujet. Heidegger confère à cette expérience un sens décisif. Dans l'angoisse, nous ferions l'expérience de notre être-pour-la-mort.

Qu'est-ce que l'être ?

▪ Un renouveau de la réflexion philosophique

Après *Être et temps*, Heidegger va orienter sa philosophie vers le sens de l'être. Ce tournant explique la position singulière de la pensée heideggérienne dans la famille des philosophies existentielles. En quoi consiste une telle méditation ? Elle n'est pas « la simple affaire d'une spéculation en l'air sur les plus générales des généralités » mais « la question tout à tout la plus principielle et la plus concrète » *(Être et temps)* de la philosophie. Si cette méditation consiste à s'interroger sur ce qui échappe à l'attention quotidienne de tous, Heidegger propose une réflexion radicale. Il s'interroge sur ce que le mot "être" signifie. Que signifie ce verbe, employé tous les jours, ossature de toutes nos affirmations et de tous nos jugements ? Qu'est-ce que l'être ? Une telle question suppose de distinguer les choses qui sont, ou les étants, et l'être lui-même. Les étants ne sont pas sans l'être mais l'être n'est pas lui-même un étant particulier. Ils ne se confondent pas. Heidegger nomme « différence ontologique » cette distinction.

« Chacun comprend : "le ciel est bleu", "je suis joyeux", etc. Seulement cette intelligence moyenne ne démontre qu'une incompréhension. »

Heidegger, *Être et temps*

▪ L'oubli de l'être

Heidegger soutient que la question de l'être n'a pas été posée par la réflexion philosophique, qu'elle n'est pas encore comprise. Pour Heidegger, l'histoire de la philosophie occidentale (la métaphysique) se caractérise par l'oubli de l'être, de son sens, de sa vérité.

Cet oubli de l'être engage Heidegger à une relecture critique de l'ensemble de l'histoire de la philosophie occidentale, des présocratiques jusqu'à Nietzsche. Il voit dans ce déclin de l'être les racines d'une culture nihiliste qui réduit l'être de l'homme à une subjectivité souveraine accaparant la totalité du monde et transformant tous les étants en matériaux pour la technique moderne. L'oubli de l'être voue l'homme au nihilisme.

Vous avez dit « nihilisme » ?

La réflexion heideggérienne sur le nihilisme moderne s'enracine dans l'œuvre de Nietzsche, œuvre décisive pour la philosophie contemporaine à plus d'un titre. Pour Nietzsche, le nihilisme est un phénomène moderne qui affecte la culture occidentale et qui, en un sens, résulte de cette culture – de la morale et de la religion chrétiennes à la philosophie et la science moderne. Il consiste dans la destruction des valeurs fondamentales de la vie et dans la perte du sens de l'existence devenue absurde, sans raison ni finalité. Le nihilisme s'exprime notamment dans le thème de la mort de Dieu – dans la disparition de ce nom de la culture européenne.

Bibliographie

Lire les œuvres de Heidegger
Martin HEIDEGGER, *Être et temps* (1927), Gallimard, 1992.
Martin HEIDEGGER, *Qu'est-ce que la philosophie ?*, Gallimard, 1947.
Martin HEIDEGGER, *Qu'appelle-t-on penser ?* (1954), PUF, 2007.
Martin HEIDEGGER, *Chemins qui ne mènent nulle part* (1935-1946), Gallimard, 1998.

Approfondir par la lecture d'études
Cahier de l'Herne, Heidegger, dirigé par M. HAAR, Le Livre de Poche, 1983.
Emmanuel LÉVINAS, *En découvrant l'existence avec Husserl et Heidegger*, Vrin, 2001.
Françoise DASTUR, *Heidegger et la question du temps*, PUF, 1994.
Jean BEAUFRET, *De l'existentialisme à Heidegger*, Vrin, 1986.

« Heidegger, l'existence et l'être » en questions

QCM

1. Quel est le titre de l'œuvre maîtresse de Heidegger ?

A. *Critique de la raison pure*

B. *Qu'est-ce que la phénoménologie ?*

C. *Être et temps*

D. *Qu'est-ce que la métaphysique ?*

2. Que signifie le *Dasein*?

A. La réalité humaine

B. La nature de l'homme

C. Le temps de l'homme

D. L'être

3. Quelle est l'originalité de la pensée de Heidegger ?

A. C'est une pensée nihiliste.

B. C'est la première philosophie phénoménologique.

C. Elle introduit le temps dans l'analyse de l'existence humaine.

D. Elle fonde le courant existentialiste.

4. Quelle est la caractéristique de l'existence humaine ?

A. Elle est articulée au monde.

B. Elle est hors du monde.

C. Elle est immonde.

D. Ele est projetée dans le temps.

5. Quelle est la dimension du temps la plus essentielle pour l'homme ?

A. Le passé

B. Le présent

C. Le futur

Le mot manquant

Trois termes parmi les citations suivantes ont été malencontreusement effacés. Saurez-vous compléter les phrases suivantes ?

1. « La temporalité constitue le sens originaire du (1). » (Heidegger, *Être et temps*)

2. « La (2) est la possibilité de la pure et simple impossibilité du *Dasein*. Ainsi la (3) se dévoile-t-elle comme la possibilité la plus propre, absolue, indépassable. » (Heidegger, *Être et temps*)

Réponses en page 194.

Chapitre 6

■ ■ ■

Le courant existentiel

C'est à dessein que nous parlons ici de courant, et non pas d'école existentialiste. Il n'y a pas à proprement parler de philosophie existentielle au sens d'une école philosophique cohérente et d'un corpus de thèses communes partagées par un ensemble d'auteurs. Cependant une famille d'œuvres clairement placées sous la filiation de Husserl et de Heidegger convergent vers une description de l'existence humaine qui tente de s'affranchir des présupposés théoriques de la philosophie classique et moderne comme de l'objectivation scientifique. C'est pourquoi on peut dire qu'un tournant existentialiste (ou existentiel) de la phénoménologie a bien lieu au milieu du XXᵉ siècle.

Vous avez- dit « philosophies existentielles » ?

Les philosophies d'inspiration existentielle ne forment pas une école au sens traditionnel du terme. Elles trouvent néanmoins dans l'œuvre de Sören Kierkegaard (1813-1855) un point de départ commun. Parmi les œuvres majeures, citons, en Allemagne, celles de Martin Heidegger, de Karl Jaspers et de Hannah Arendt ; en France, celles de Sartre et de Merleau-Ponty.

Les fondements du tournant existentiel

■ Kierkegaard : vers l'existence concrète

Si le terme d'« existentialisme » surgit brusquement après la Seconde Guerre mondiale lors d'une conférence chahutée de Jean-Paul Sartre à Paris (publiée en 1946 sous le titre *L'existentialisme est un humanisme*), le concept d'existence est néanmoins plus ancien. Il appartient au vocabulaire de la philosophie scolastique du Moyen Âge. Pour les philosophes médiévaux, l'existence (*existentia*) d'un être désigne le fait de sa réalité ou de son actualité par différence avec son essence (*essentia*), c'est-à-dire ce qu'il est essentiellement au-delà de ses apparences multiples et changeantes. Existence et essence forment donc un couple.

Pour Kierkegaard, penser l'existence requiert d'être attentif à son effectivité actuelle et concrète, qui excède l'abstraction conceptuelle de la raison :

« *La langue de l'abstraction ne mentionne à vrai dire jamais ce qui constitue la difficulté de l'existence et de l'existant et elle en donne encore moins l'explication. Justement parce qu'elle est* sub specie aeterni, *la pensée abstraite ne tient pas compte du concret, de la temporalité, du devenir propre à l'existence.* »

Kierkegaard, *Post-scriptum aux miettes philosophiques*

Il faut distinguer le concept qui livre l'essence atemporelle et abstraite d'une réalité et cette réalité elle-même. Car le propre de la réalité est qu'elle est toujours incarnée, en devenir (dans le temps), singulière, effectivement inscrite dans une époque. Ainsi le concept d'homme ne correspond à aucun homme réel, c'est-à-dire à aucun individu. En critiquant ainsi la capacité du dualisme métaphysique et de la raison à saisir l'existence concrète de l'homme, Kierkegaard inaugure une nouvelle compréhension de la réalité humaine.

■ L'inspiration husserlienne

Le projet de Husserl de revenir « aux choses mêmes » par-delà l'objectivation insuffisante des sciences a permis à Heidegger et à Jaspers de proposer une description de l'existence humaine affranchie de certains présupposés métaphysiques de la philosophie classique (âme/corps, intérieur/extérieur, devenir/éternité, etc.). S'il n'y a pas une école existentialiste mais une pluralité de pensées singulières, celles-ci partagent toutes ce postulat général.

Le tournant existentiel

L'existence désigne le mode d'être particulier de l'homme, mode d'être qui ne peut être rationnellement déduit ou convenablement compris à partir de la raison théorique et scientifique. C'est pourquoi il convient de "décrire" l'existence de manière immanente, au plus près de son devenir concret. Ainsi, les philosophies d'inspiration existentielle s'ouvrent de manière inédite à de multiples aspects de la vie humaine qui étaient auparavant étrangers au questionnement philosophique : le temps, la relation à autrui, les différentes activités humaines – le travail –, la vie historique et politique deviennent de nouveaux objets philosophiques.

Jaspers : penser l'existence

Né en Allemagne, Karl Jaspers (1883-1969) est profondément marqué dès son plus jeune âge par l'expérience de la maladie et par la lecture de Nietzsche. Il suit une formation médicale et psychiatrique, enseigne la psychopathologie, puis se tourne vers la philosophie. Sa grande œuvre, *Philosophie* (3 vol., 1932), expose une pensée centrée sur l'existence humaine et la liberté. Son parcours de professeur d'université est brisé par l'histoire : l'administration nazie lui retire le droit d'enseigner à Heidelberg. Après la guerre, il enseignera longtemps à l'université de Bâle. Grand ami de Hannah Arendt, avec laquelle il entretiendra une longue correspondance, il se penchera après la guerre sur les problèmes de son époque (*La Culpabilité allemande*, 1946, *La Bombe atomique et l'Avenir de l'humanité*, 1958) : « Une philosophie montre ce qu'elle est en se manifestant dans sa pensée politique » (*Origine et sens de l'histoire*, 1949).

Les limites du savoir scientifique

L'analyse du savoir scientifique conduit à affirmer la primauté de la philosophie nouvellement comprise. En effet, la dualité abstraite entre la nature et l'esprit et la spécialisation qui émiette les connaissances scientifiques ne permettent pas de penser l'unité de l'existence humaine :

« *En philosophie, il y va d'une vérité qui, là où elle brille, atteint l'homme plus profondément que n'importe quel savoir scientifique.* »

Jaspers, *Introduction à la philosophie*

Philosopher relève ainsi d'une exigence de vérité plus haute que le savoir scientifique factuel et partiel. Ce à quoi vise l'effort philosophique, c'est à penser la profondeur de l'existence sans renoncer ni à la raison ni au dialogue avec autrui. La philosophie existentielle de Jaspers élargit son approche jusqu'aux aspects les plus concrets de l'existence et cherche à « saisir la signification de ce que d'ordinaire on s'efforce de voiler ou d'ignorer ». La raison doit éclairer l'existence.

▪ L'existence, une exigence de sens et de liberté

L'impossibilité d'une connaissance scientifique absolue de l'existence confère au dialogue avec autrui une importance particulière. Communiquer, c'est tout à la fois être en relation avec l'autre et mettre en commun notre raison pour élucider l'existence.

« *L'être humain ne se trouve lui-même qu'avec l'autre être humain, et jamais par le seul savoir. Nous ne devenons nous-mêmes que dans la mesure où l'autre devient lui-même, nous ne devenons libres que dans la mesure où l'autre le devient aussi.* »

Jaspers, *Philosophie*

L'existence, dont la description prend chez Jaspers une tonalité tragique, s'identifie à une liberté engagée dans le monde, une liberté située. La situation réunit l'ensemble des circonstances dans lesquelles se trouve un individu existant. Elle n'est pas qu'un constat mais requiert aussi une interprétation qui confère un sens à la situation dans laquelle nous sommes plongés et qui envisage une action possible pour la modifier. Exister, c'est une tâche qui engage la liberté et la compréhension.

■ Les situations-limites, expériences fondamentales

Le concept de « situations-limites » (*Grenzsituationen*) possède une importance particulière pour penser l'existence.

« L'homme ne prend conscience de son être que dans les situations-limites. »

Jaspers, *Autobiographie philosophique*

On comprendra ce que Jaspers entend par ce concept en le laissant l'expliquer :

« Nous nous trouvons toujours dans des situations déterminées. Les situations changent, les occasions se présentent. Quand on les manque, elles ne reviennent plus. Je peux travailler moi-même à changer une situation. S'il en est qui subsistent dans leur essence, même si leur apparence momentanée se modifie et si leur toute-puissance se dissimule sous un voile : il me faut mourir, il me faut souffrir, il me faut lutter ; je suis soumis au hasard, je me trouve pris inévitablement dans les lacets de la culpabilité. Ces situations fondamentales de notre vie, nous les appelons situations-limites. »

Jaspers, *Introduction à la philosophie*

Si nous dépouillons les situations biographiques et historiques de leurs aspects singuliers, nous décelons les expériences fondamentales que sont la possibilité de la mort, l'épreuve de la souffrance, la culpabilité, la communication. Au cœur de notre condition se révèle une dualité entre le fini et l'infini, l'être et le non-être, la transcendance et l'immanence. Entre précarité et transcendance, il nous faut éclairer le mystère de notre finitude.

Vous avez dit « transcendance et immanence » ?

Ce couple de concepts a différentes acceptions dans l'histoire de la philosophie. Retenons ici que ce qui est immanent n'est pas en rapport avec un autre ordre de réalité, tandis que la transcendance indique précisément l'ouverture à un ordre de réalité radicalement différent. Ainsi, pour Jaspers, l'existence humaine se caractérise précisément par le fait que dans l'immanence de notre finitude nous sommes ouverts à une transcendance qu'il nous faut déchiffrer.

Sartre : existence et liberté

Qui est Jean-Paul Sartre (1905-1980) ? Après des études à l'École normale supérieure (en même temps que Raymond Aron et Paul Nizan), Sartre quitte l'enseignement et entame une vie de philosophe et d'écrivain politiquement engagée aux côtés du Parti communiste. Il fonde *Les Temps modernes* avec Simone de Beauvoir (*Le Deuxième Sexe*, 1949) et Merleau-Ponty. De son œuvre très importante et multiforme, éclatée dans des genres différents, on retiendra ses romans, *La Nausée* (1938), *Le Mur* (1938), *Les Chemins de la liberté* (3 volumes, 1945-1949) ; son théâtre, *Les Séquestrés d'Altona* (1959) ; une autobiographie, *Les Mots* (1963) ; et sa production philosophique, *L'Être et le Néant* (1943) et *Critique de la raison dialectique* (1960). Sa philosophie s'inspire de l'œuvre de Husserl et de Heidegger, et ses réflexions politiques de celles de Marx et de Lukács. Par ses multiples prises de position, il fut un des exemples de l'intellectuel engagé sur la place publique.

« Le champ philosophique, c'est l'homme, c'est-à-dire que tout autre problème ne peut être conçu que par rapport à l'homme. »

Sartre, *Situations*

Cette affirmation de Sartre permet de comprendre l'horizon de son projet philosophique. La philosophie sartrienne commence par une analyse de la conscience et s'achève dans une philosophie existentialiste de la liberté.

▪ Négativité et impersonnalité de la conscience

Les premiers ouvrages théoriques (*La Transcendance de l'ego*, 1936 ; *L'Imagination*, 1936 ; *L'Imaginaire*, 1940) déploient une analyse de l'imagination. Imaginer est un acte intentionnel de la conscience qui vise un objet absent, un objet qui est, pour le monde réel, un néant. De là, Sartre découvre le pouvoir fondamental de la conscience : celui de nier le réel. D'une part, la conscience n'est pas close sur elle-même : c'est l'intentionnalité découverte par Husserl ; d'autre part, la conscience a une puissance de négativité, elle est toujours autre, ou ailleurs (« le néant est toujours un ailleurs »), que le réel donné. Cette conscience intentionnelle réalise un acte de transcendance par rapport au réel. Imaginer, se souvenir, être ému sont des mouvements intentionnels vers le monde. Il s'agit donc de dépasser le *cogito* substantiel de la philosophie classique pour décrire la vie de la conscience, entièrement intentionnelle, qui est arrachement à soi-même, éclatement dans le monde.

Vous avez dit « transcendance » ?

« Transcendance », du latin *transcendere* qui signifie « passer au-delà », a différentes acceptions en philosophie. Dans la phénoménologie, c'est un terme technique qui désigne la capacité de la conscience à s'ouvrir à ce qui n'est pas elle, à tendre vers un ailleurs – le monde, le futur, etc.

Sartre découvre que le « je », le moi concret que je me représente être, doit lui-même subir la réduction phénoménologique de Husserl. Ce moi conçu comme sujet et individu est second par rapport au champ de conscience "primitif" qui est, lui, impersonnel. Il ne faut pas dire « *j'*ai conscience de cette chaise », mais « *il y a* conscience de cette chaise ». La conscience réflexive, par laquelle je prends conscience de moi, est seconde ou dérivée par rapport à la conscience impersonnelle ou prépersonnelle.

« *Il n'est permis à personne de dire ces simples mots : je suis moi. Les meilleurs, les plus libres peuvent dire : j'existe. C'est déjà trop.* »

Sartre, *L'existentialisme est un humanisme*

Sartre approfondit sa réflexion dans *L'Être et le Néant*. Des caractéristiques de la conscience, il en vient à distinguer deux régions de l'être qui permettent d'éclairer l'existence : le pour-soi et l'en-soi. L'être de l'en-soi est ce qui est, pleinement, sans décalage et sans faille, sans distance ni devenir. C'est la nuit des êtres qui sont sans se rapporter eux-mêmes à leur propre existence, muets, inconscients – les choses, les bêtes. L'homme, au contraire, existe. La réflexivité et la négativité sont au cœur de son rapport à la réalité et à sa propre existence. De ce que la conscience n'a pas d'autre être que de n'être pas ce à quoi elle est présente, le pour-soi est fait de décalage, de distance à soi, d'ouverture, de non-coïncidence avec soi. Comme le dit Sartre :

« L'homme est d'abord un projet qui se vit subjectivement, au lieu d'être une mousse, une pourriture ou un chou-fleur. »

Sartre, *L'existentialisme est un humanisme*

■ « L'existence précède l'essence » : une liberté en situation

Exister, pour l'homme, ce n'est pas simplement vivre ; c'est excéder les déterminations naturelles. Cela revient à dire qu'il n'y a pas de nature humaine qui permettrait de définir l'humanité comme on pourrait définir une notion. C'est ce que veut signifier la célèbre formule :

« L'existence précède l'essence. »

Sartre, *L'existentialisme est un humanisme*

Cette diversité n'est pas réductible à une nature humaine universelle. Il n'y a pas de nature humaine, il n'y a qu'une condition humaine :

« En outre, s'il est impossible de trouver en chaque homme une essence universelle qui serait la nature humaine, il existe pourtant une universalité de condition. L'ensemble des limites a priori *qui esquissent sa situation fondamentale dans l'univers. Les situations historiques varient [...]. Ce qui ne varie pas, c'est la nécessité pour lui d'être dans le monde, d'y être au travail, d'y être au milieu. »*

Sartre, *L'existentialisme est un humanisme*

Exister, c'est être fondamentalement une liberté en situation. La situation « est le visage singulier que le monde tourne vers nous, notre chance unique et personnelle ». La position de chacun au milieu du monde, avec l'ensemble des circonstances

– des éléments biographiques et familiaux aux événements de la situation historique, de la culture et de la société à laquelle il appartient – qui lui confèrent son visage unique, est le point d'ancrage de notre liberté qui, ainsi, est toujours située et jamais abstraite :

« *L'homme se définit par son projet. Cet être matériel dépasse perpétuellement la condition qui lui est faite ; il dévoile et détermine sa situation en la transcendant pour s'objectiver, par le travail, l'action ou le geste.* »

Sartre, *Critique de la raison dialectique*

■ Un homme sans Dieu, condamné à être libre

La liberté sartrienne renvoie à un projet fondamental, qui existe en creux dans tous les buts particuliers auxquels l'individu se décide, et qui relève d'une position fondamentale par rapport à l'existence (Sartre parle de « psychanalyse existentielle »). Surtout, cette liberté fondamentale de l'existence est elle-même sans fondement, sans horizon déterminé, sans finalité naturelle. La philosophie de Sartre est en ce sens profondément athée. Cette infinie possibilité de soi-même se révèle douloureusement dans l'angoisse, qui est une expérience du néant au cœur de l'existence. L'expérience de l'absence est l'occasion d'une autre rencontre de ce néant, sur un mode moins radical. Enfin, il est impossible de choisir de n'être pas libre.

« *L'homme est condamné à être libre. Condamné, parce qu'il ne s'est pas créé lui-même, et par ailleurs cependant libre, parce qu'une fois jeté dans le monde, il est responsable de tout ce qu'il fait.* »

Sartre, *L'existentialisme est un humanisme*

La liberté peut cependant être faussement refusée dans la mauvaise foi. La description du garçon de café – un morceau d'anthologie de la phénoménologie sartrienne – illustre cette possibilité :

« Considérons ce garçon de café. Il a le geste vif et appuyé, un peu trop précis, un peut trop rapide, il vient vers les consommateurs d'un pas un peu trop vif, il s'incline avec un peu trop d'empressement [...]. Il joue, il s'amuse. Mais à quoi joue-t-il donc ? Il ne faut pas l'observer longtemps pour s'en rendre compte : il joue à être garçon de café. »

Sartre, *L'Être et le néant*

Il s'agit donc d'un individu jouant à n'être *que* garçon de café en essayant d'incarner les gestes stéréotypés d'un garçon de café « idéal ». La mauvaise foi désigne ces conduites par lesquelles les individus se dissimulent à eux-mêmes leur liberté fondamentale. Ce terme désigne la possibilité permanente de vivre de manière inauthentique la liberté. Telle est la signification de l'exemple du garçon de café : il s'applique à effectuer les gestes typiques du garçon de café imaginaire et idéal ; il s'efforce de correspondre à la représentation du garçon de café, à être garçon de café comme cet encrier est un encrier. Or l'homme n'est pas une chose et il ne peut se vivre sur ce mode qu'en se mentant à lui-même. Ce mensonge à soi est la mauvaise foi : l'oblitération de notre liberté fondamentale.

L'être-pour-autrui

Sartre analyse les relations intersubjectives à partir de cette subjectivité libre, de cette existence perpétuellement ouverte et en devenir que nous vivons. Ces relations sont potentiellement conflictuelles dans la mesure où elles oscillent en permanence entre le fait d'être un sujet face à un objet ou d'être soi-même un objet pour un sujet. Prenons le phénomène de la honte : autrui me surprend, l'œil collé au trou de la serrure, et son regard provoque en moi le sentiment de la honte.

« Être regardé, c'est se saisir comme objet inconnu d'appréciations inconnaissables, en particulier d'appréciations de valeurs. »

« Le regard est d'abord un intermédiaire qui renvoie de moi à moi-même. »

Sartre, *L'Être et le Néant*

Par son regard, autrui possède une perception de moi qui m'échappe ; il me révèle que j'existe aussi comme un objet du monde. Ainsi, les relations avec autrui sont perpétuellement menacées par le risque de se voir ôter sa liberté.

Dans *La Critique de la raison dialectique* (1960), Sartre tente une synthèse existentielle entre une philosophie de la subjectivité et de la liberté, et le matérialisme historique de Marx, que Sartre considérait comme « l'horizon indépassable de notre temps ».

Néanmoins Sartre ne parviendra pas à proposer une philosophie politique. C'est pourquoi l'approfondissement de la notion de la liberté humaine, à partir d'une analyse originale de la conscience, caractérise l'essentiel de sa contribution à la philosophie existentielle d'inspiration phénoménologique.

Merleau-Ponty : la dimension incarnée de l'existence

Condisciple et cofondateur (avec Sartre) de la revue des *Temps modernes*, Merleau-Ponty (1908-1961), philosophe français, fut professeur à la Sorbonne et au Collège de France. Il meurt prématurément à l'âge de 53 ans. Parmi tous ses ouvrages et cours, citons notamment *La Structure du comportement* (1942), *Phénoménologie de la perception* (1945) et *Le Visible et l'Invisible* (1964, inachevé et posthume). Sa pensée a également un volet politique : *Humanisme et terreur* (1947) et *Les Aventures de la dialectique* (1955).

■ Dépasser l'opposition âme/corps

L'œuvre de Merleau-Ponty, profondément originale, prend son départ dans la volonté de dépasser l'opposition abstraite âme/corps et les objectivations scientifiques de l'être humain.

La perception avant l'objectivation

À travers une réflexion sur la perception, Merleau-Ponty cherche à saisir l'acte de perception du monde et de son sens avant leur réduction scientifique et idéaliste à une vérité rationnelle ou pragmatique.

« *Percevoir dans le sens plein du mot, ce n'est pas juger, c'est saisir un sens immanent au sensible avant tout jugement.* »

Merleau-Ponty, *Phénoménologie de la perception*

Ainsi, par exemple, percevoir un arbre ne consiste pas à identifier des qualités objectives de sorte que l'on "verrait" un exemplaire d'un genre ou d'un ensemble, comme on range un spécimen dans une classification rationnelle botaniste. Il s'agit donc de revenir au monde vécu antérieur à son objectivation scientifique.

La polarisation du comportement

On ne peut comprendre le comportement d'un organisme si on le décompose analytiquement en un ensemble abstrait de réflexes et de fonctions physiologiques. Un être vivant est un tout, un organisme est une totalité vivante percevant un monde auquel il donne sens. Ce qu'on exprimera en disant qu'il est une forme. C'est pourquoi le comportement d'un être vivant est toujours polarisé, positivement ou négativement. Il ne relève pas d'une neutralité quantitative mais d'une évaluation qualitative normée. Autrement dit, il n'est jamais indifférent à sa situation dans son milieu.

Le comportement est une forme ou une structure générale, c'est-à-dire une certaine constance dans les conduites orientées vers une norme, un *optimum* dans le rapport entre le soi et le monde. Les réactions d'un organisme se structurent en un comportement qui, au sein de son milieu, a du sens et de la valeur.

Ainsi, Merleau-Ponty est progressivement passé de la psychologie et de la physiologie à la phénoménologie. Reprenant l'héritage husserlien (le retour aux choses mêmes par-delà

© Groupe Eyrolles

l'objectivation scientifique et positiviste), sensible à l'analyse heideggérienne de l'existence humaine, il insiste sur le caractère incarné de l'existence, aspect qui était au second plan chez Heidegger. Exister, c'est être un corps.

▪ Exister, c'est être un corps

L'être-au-monde de la conscience tient à cette liaison intime et essentielle de la conscience et du corps :

« *Notre corps est le point d'ancrage de notre conscience dans le monde.* »

Merleau-Ponty, *Phénoménologie de la perception*

Le vécu du corps propre

Merleau-Ponty veut penser l'être-au-monde au-delà du dualisme classique, de type cartésien, qui distingue l'âme du corps. Descartes en effet sépare radicalement l'âme du corps ; cette distinction est une séparation théorique entre deux essences : l'âme est une « substance pensante », le corps une « substance étendue » purement matérielle. Le pas suivant consiste à identifier le sujet à la seule substance pensante, au *cogito*, définissant ainsi la personne humaine comme un moi pensant substantiel (« je pense, je suis » affirme Descartes dans les *Méditations métaphysiques*, 1641). Il devient ensuite difficile de penser l'unité de l'existence d'un être vivant, même pensant.

L'attention phénoménologique au vécu du corps propre est, au contraire, une attention à l'irréductibilité du comportement (puisqu'un comportement n'est pas un ensemble de fonctions physiologiques) et à l'unité profonde de l'existence :

« *Le corps est le véhicule de l'être-au-monde.* »

Merleau-Ponty, *Phénoménologie de la perception*

« *"Avoir un corps" c'est simultanément avoir un milieu, un monde, un rapport au monde.* »

Merleau-Ponty, *Phénoménologie de la perception*

La conscience est incarnée et cette incarnation est son être-au-monde. « Je suis mon corps », affirme l'auteur de *La Phénoménologie de la perception* pour signifier ce dépassement du dualisme métaphysique âme/corps.

Cette compréhension de l'existence démantèle l'objectivation scientifique qui divise abstraitement le corps en un ensemble de fonctions physiologiques :

« Je ne suis pas le résultat ou l'entrecroisement de multiples causalités qui déterminent mon corps ou mon psychisme, je ne puis pas me penser comme une partie du monde. »

Merleau-Ponty, *Phénoménologie de la perception* (avant-propos)

Ainsi, l'acte de voir, pour un existant, n'est pas une simple stimulation de la rétine. "Voir" est une des modalités de l'être-au-monde et doit plutôt être compris comme le fait d'être dans un univers de phénomènes qui m'apparaissent par mon corps.

La sexualité : psychique et physique imbriqués

La sexualité est un autre exemple de ses analyses :

« Même avec la sexualité, qui a pourtant passé longtemps pour le type de la fonction corporelle, nous avons affaire non pas à un automatisme périphérique, mais à une intentionnalité qui suit le mouvement général de l'existence. »

Merleau-Ponty, *Phénoménologie de la perception*

Il défend l'idée que la perception érotique n'est pas une perception physiologique et objective mais une attitude existentielle et affective qui s'inscrit dans un milieu, plonge ses racines dans une culture collective et une biographie singulière. Elle révèle l'imbrication du psychique dans l'organisme, et réciproquement. Pour être conséquent, il faudrait parvenir à se défaire du couple psychique/physique. Le corps exprime totalement l'existence.

Merleau-Ponty radicalisera son questionnement dans ses dernières œuvres (*Sens*, 1960, *Le Visible et l'Invisible*, 1961) en cherchant à penser, sous le concept de chair, la profonde unité entre l'existant percevant le monde et l'étoffe sensible du monde. De même, il enracinera l'existence dans l'histoire et la culture pour penser les institutions politiques et la liberté humaine.

En conclusion, le tournant existentialiste de la phénoménologie, qui a donné naissance aux philosophies existentielles, propose une compréhension inédite de l'existence humaine qui abandonne le projet d'une connaissance scientifique de la nature humaine au profit d'une description de la condition humaine vécue par la subjectivité. Philosophie athée et atéléologique (c'est-à-dire qui ne recourt pas à une finalité naturelle), elle décrit des expériences-types et s'ouvre à de nouveaux objets d'étonnement et d'interrogation auparavant négligés par la philosophie classique et moderne : travail, action, temporalité, mort, sexualité, etc. Elle a ainsi profondément contribué à renouveler la tradition philosophique.

Pour aller plus loin

Découvrir les œuvres des philosophes du tournant existentialiste
Karl JASPERS, *Introduction à la philosophie*, 10/18, 2005.
Maurice MERLEAU-PONTY, *Causeries*, Éd. du Seuil, 2002.
Maurice MERLEAU-PONTY, *Le Visible et l'Invisible*, Gallimard, 1993.
Jean-Paul SARTRE, *L'existentialisme est un humanisme*, Folio/Essais, 1996.
Jean-Paul SARTRE, *Vérité et existence*, Gallimard, 1989.
Jean-Paul SARTRE, *Situations philosophiques*, Gallimard, 1990.

Lire des études pour approfondir
Laurent COURNARIE, *L'Existence*, Armand Colin, 2001.
Jacques COLETTE, *L'Existentialisme*, Que sais-je ?, 2007.
Mireille DUPONTHIEUX, *Les Mots de l'existentialisme*, Ellipses, 1998.

« Le courant existentiel » en questions

Le mot manquant

Deux termes parmi les citations suivantes ont été malencontreusement effacés. Saurez-vous compléter les phrases suivantes ?

1. « En philosophie il y va d'une vérité qui, là où elle brille, atteint l'homme plus profondément que n'importe quel (1). » (Jaspers, *Introduction à la philosophie*)

2. « Le champ philosophique c'est (1). » (Sartre, *Situation I*)

Qui l'a dit ?

Saurez-vous retrouver parmi la liste qui suit les auteurs de ces cinq citations ?

1. « L'existence précède l'essence. »

2. « Je suis mon corps. »

3. « L'homme est d'abord un projet qui se vit subjectivement, au lieu d'être une mousse, une pourriture ou un chou-fleur. »

4. « L'être humain ne se trouve lui-même qu'avec l'autre être humain, et jamais par le seul savoir. Nous ne devenons nous-mêmes que dans la mesure où l'autre devient lui-même, nous ne devenons libres que dans la mesure où l'autre le devient aussi. »

5. « Une conférence sur la philosophie provoque une émeute, ils sont des centaines à s'entasser dans la salle et des milliers à s'en voir refuser l'accès. Des livres traitant de questions philosophiques qui n'enseignent aucun credo à bon marché ni ne promettent aucune panacée, mais au contraire exigent un véritable effort de compréhension, se vendent comme des romans policiers. Des pièces de théâtre dont l'action ne repose que sur des mots et non sur un scénario, dont les dialogues portent sur des réflexions et des idées sont représentées pendant des mois devant des foules enthousiastes. Des analyses de la situation de l'homme dans le monde, des fondements des relations humaines, de *L'Être et du Néant*, non seulement donnent naissance à un nouveau mouvement littéraire mais servent aussi de guides à de nouvelles orientations politiques. Les philosophes deviennent journalistes, auteurs dramatiques, romanciers. Ce ne sont pas des universitaires mais des « saltimbanques » qui habitent à l'hôtel et passent leur temps dans les cafés – menant une existence publique au point de renoncer à toute vie privée. Et même le succès ne les transforme pas, semble-t-il, en raseurs respectables. C'est ce qui se passe aujourd'hui à Paris, d'après la rumeur. Si la Résistance n'a pas engendré de révolution en Europe, elle semble avoir déclenché, du moins en France, une véritable rébellion des intellectuels » (description du mouvement existentialiste en 1946).

Auteurs :

A. Arendt

B. Heidegger

C. Jaspers

D. Sartre

E. Merleau-Ponty

QCM

1. L'existentialisme est...

A. une philosophie de l'essence universelle de l'homme.

B. une philosophie de l'existence humaine concrète.

C. une définition de la nature humaine.

D. une critique de la définition scientifique de l'homme.

2. L'existence s'oppose à...

A. la nature.

B. l'histoire.

C. l'essence.

D. les sens.

3. Pour l'existentialisme, la vérité scientifique est insuffisante car...

A. elle est fausse.

B. elle est abstraite.

C. elle ne tient pas compte du vécu subjectif.

D. elle est incertaine.

Voir réponses en page 195.

■ ■ ■

Chapitre 7

Le courant herméneutique : interprétation et langage

Si l'herméneutique existait avant le XXe siècle – l'interprétation des textes religieux, l'exégèse, la philologie –, elle désigne dorénavant un nouveau courant philosophique qui approfondit une approche inédite de la vérité et constitue une théorie philosophique de l'interprétation. La crise contemporaine du fondement de la vérité amène à reconnaître l'importance du processus d'interprétation par lequel les hommes donnent sens à leurs existences et leurs situations historiques.

Qu'est-ce que l'herméneutique ?

L'herméneutique (du grec *herméneuein*, interpréter) a d'abord désigné l'interprétation des textes sacrés. Il s'agissait de saisir le sens de certains passages dont l'intelligibilité n'était pas immédiate. Or, la Bible étant la parole de Dieu, rien d'insignifiant ne pourrait s'y rencontrer. Tout devait avoir un sens digne de son auteur. On élabora alors l'idée que le texte comprenait deux niveaux de signification : le sens littéral (ce qui est dit exactement, à la lettre) et le sens spirituel ou allégorique (ce que cela signifie vraiment, selon l'esprit). L'art d'interpréter consistait à saisir le sens caché à partir du sens manifeste. La philologie, étude des textes anciens, consiste également à interpréter. L'herméneutique rassemblait ainsi un ensemble de règles et de procédures à observer pour lire correctement un texte (car interpréter, ce n'est pas deviner). C'était la "science du texte".

▪ Déchiffrer le sens caché

Il est nécessaire d'interpréter lorsque la vérité n'est pas immédiate. L'interprétation consiste à déceler une vérité qui ne se donne pas immédiatement à la lecture d'un texte. Interpréter, c'est déchiffrer le sens caché sous le sens apparent, ce dont l'herméneutique biblique fut le premier paradigme historique. Cependant, en ce premier sens, la vérité et l'interprétation se recouvrent finalement en ce que le travail d'interprétation est un processus qui aboutit à la vérité. Pour cette première forme historique d'interprétation, celle-ci est une forme d'accès à la vérité. Or, pour qu'une herméneutique moderne apparaisse, il faut faire la différence entre ce qui fait sens et ce qui est vrai, il faut comprendre que l'absence de la vérité est comme la condition de l'interprétation, — l'herméneutique est une nouvelle métamorphose du problème philosophique de la vérité au XXᵉ siècle.

Si interpréter consiste à donner ou trouver une signification à un fait, acte, un événement, un symbole, une parole, etc., on ne voit pas *a priori* ce qui pourrait lui échapper. Il est toujours possible d'interpréter ce que l'on veut. Pour être interprétable, il suffit de pouvoir recevoir un sens. Les grandes institutions culturelles telles que l'art, les religions, les sciences de la nature, les sciences humaines ou encore la philosophie elle-même ne se présentent-elles pas volontiers comme autant d'interprétations intégrales du monde ? Tout serait donc indéfiniment interprétable.

« *Il n'y a pas de faits, seulement des interprétations.* »

Nietzsche, *Fragments posthumes*

▪ Interprétation et vérité

Qu'est-ce qui permet de faire la différence entre une bonne et une mauvaise interprétation ? L'hypothèse que tout puisse être interprété, qu'il n'y ait aucune limite à l'activité interprétative n'implique-t-elle pas qu'aucune interprétation ne peut être plus vraie qu'une autre et que toutes se valent ? Ce qui revient à dire qu'aucune interprétation ne peut accéder au rang de vérité (et réduire, ce faisant, toutes les autres versions à des discours fictifs). Une telle dissolution de l'exigence de vérité ne débouche-t-elle pas à son tour sur un relativisme, préjudiciable dans les domaines de la morale, du droit, de l'histoire ?

Cependant, si la vérité est indépendante du sujet qui la découvre – par définition, la vérité vaut universellement pour tous, – l'interprétation, elle, s'ouvre à la subjectivité de celui qui l'effectue. Il s'agit chaque fois d'un sujet qui décrypte un signe et en propose le sens. Ce point est essentiel : l'interprétation implique l'intervention d'un sujet. Elle n'est pas le dévoilement d'une vérité, mais bien plutôt l'acte d'un sujet qui découvre une vérité.

Dès lors, l'interprétation peut s'éloigner de la vérité, voire être erronée, ce qui se manifeste particulièrement dans le fait que le sujet peut identifier comme signe à interpréter ce qui ne l'est pas. En psychiatrie, par exemple, le paranoïaque est sujet à des "délires d'interprétation" : il voit des signes là où il n'y a pas lieu d'en percevoir, ce en quoi il est malade. Quand on reproche à quelqu'un d'avoir "mal interprété" des propos ou une attitude, on dénonce l'écart trop important entre le signe interprété et le sens proposé. Il semble ridicule de donner un sens à ce qui n'en a pas (le hasard, l'absurde), superflu de donner plusieurs significations à ce qui n'a qu'un sens, clair et évident (l'univoque), périlleux de conférer une signification à ce qui est inintelligent (les phénomènes naturels qui ne veulent rien dire, étant dépourvus d'une intention de signifier quelque chose : ainsi, la superstition qui prête un sens à la rencontre hasardeuse d'un chat noir ou d'un astre).

Vers une problématique contemporaine de l'interprétation

■ Dilthey : expliquer et comprendre

Il revient à Wilhelm Dilthey (1833-1911) d'ouvrir la voie à une problématique moderne de l'interprétation. Philosophe allemand, il étudia la théologie, l'histoire et la philosophie à Berlin, puis fut professeur de philosophie à Bâle puis à Berlin. Il est l'auteur de nombreux articles, notamment sur l'auteur qui inspira ses travaux, Friedrich Schleiermacher (1768-1834). Sa pensée étudie la nature et la méthode des sciences de l'esprit, ou les sciences humaines, en plein essor à la fin du XIXe siècle. On peut retenir son *Introduction aux sciences de l'esprit* (1883) qui élabore la distinction entre sciences de la nature et sciences de l'esprit.

Le rejet du positivisme

Dilthey refuse le positivisme, dominant la fin du XIXe siècle et le début du XXe siècle, qui prétend expliquer tous les phénomènes sur le modèle de la science physique en mettant au jour les rapports de causalité entre les phénomènes naturels car, pour ce qui concerne la vie humaine, l'explication ne peut se contenter de chercher des corrélations causales. L'homme est un être qui comprend sa situation et qui, par conséquent, à affaire au sens. Par exemple, si nous cherchons à comprendre la vie d'un homme, d'une culture ou d'une institution, il nous faut saisir le sens des moments de leur histoire. Cette saisie d'un sens n'a plus rien de commun avec la démarche explicative consistant à vérifier expérimentalement une succession de causes et d'effets : elle a précisément le statut d'une interprétation. Les phénomènes historiques, tout en étant déterminés, sont des phénomènes signifiants. Ils supposent une causalité intentionnelle, celle des acteurs qui choisissent d'agir de telle ou telle manière, et accordent à leurs actions des significations. L'explication doit donc être complétée par la compréhension.

Sciences de la nature et sciences de l'esprit

Il convient de séparer nettement les sciences qui ont pour objet l'homme et celles qui prennent en charge les phénomènes naturels. Outre les sciences historiques, la sociologie ou la psychologie font partie de ce que Dilthey appelle les « sciences de l'esprit » pour les distinguer des « sciences de la nature ».

« *Nous expliquons la nature, nous comprenons la vie psychique.* »

Dilthey, *Introduction aux sciences de l'esprit*

Expliquer (*erklären*) désigne le mode d'explication par des causes naturelles dans les sciences physiques ; comprendre (*verstehen*) désigne le mode d'explication par des raisons dans les sciences humaines. La compréhension des choses de l'esprit, c'est-à-dire de tout ce qui n'est pas réductible à la matière mais manifeste la culture, relève d'une herméneutique. Toute la question est de savoir, quelle objectivité – c'est-à-dire finalement quelle vérité – accorder à cette compréhension, à côté de l'exactitude et de la certitude des sciences physiques ?

▪ Le tournant herméneutique de la phénoménologie

La question du langage

Husserl, fondateur de la phénoménologie, n'avait pas de sensibilité particulière au langage et aux problèmes qui lui sont relatifs. Le projet d'un "retour aux choses mêmes" supposait qu'on se débarrasse des théories et des livres qui les recouvraient. La question d'une interprétation ne se posait pas pour lui. C'est ce point qui va être l'objet d'une révision radicale par Heidegger d'abord, puis Gadamer et Ricœur ensuite, et donner lieu à ce qu'on peut nommer le tournant herméneutique de la phénoménologie.

On remarquera que ce tournant est historiquement parallèle au *linguistic turn* de la philosophie anglo-saxonne. C'est donc une caractéristique de la philosophie du XXe siècle que de déceler l'oubli qui pesait sur le langage. À l'encontre de la conception instrumentale qui prévalut longtemps, les mots ne sont pas des symboles dont se sert la pensée lorsqu'elle veut se communiquer, – comme si la pensée s'effectuait d'abord sans langage. Le langage est au contraire le milieu de toute pensée et de tout sens. Il faut convenir que le rapport des hommes au réel est traversé par le langage, que le langage est une dimension du réel.

L'expérience du monde et son interprétation

Le regard phénoménologique prétend saisir les choses telles qu'elles sont et se garde de toute construction métaphysique et scientifique. Comment cependant est-il possible de "revenir aux choses mêmes" ? Comment l'intentionnalité de la conscience peut-elle rejoindre directement les choses mêmes ? Pour Heidegger, ce qui doit être mis en lumière par la phénoménologie, c'est justement ce qui ne se montre pas :

« C'est précisément parce que les phénomènes ne sont pas donnés qu'il est besoin de la phénoménologie. »

Heidegger, *Être et temps*

Les phénomènes ne sont pas accessibles indépendamment des interprétations qui les engluent et qui les cachent. L'intentionnalité de la conscience est une visée de sens ; elle est nécessairement articulée aux compréhensions du phénomène, compréhensions qu'il faut interpréter. La phénoménologie requiert une herméneutique. Dorénavant, par herméneutique, on n'entendra plus une théorie universelle et normative de l'interprétation, avec des règles pratiques et définies, mais une réflexion philosophique sur le phénomène de la compréhension et le caractère interprétatif de notre expérience du monde.

Gadamer : interprétation et compréhension

Philosophe allemand, Hans-Georg Gadamer (1902-2002) fit ses études auprès de Husserl et Heidegger, puis il fut professeur à l'université de Francfort et de Heidelberg. Il propose une herméneutique philosophique dans *Vérité et méthode* publié en 1960. Citons également : *L'Art de comprendre. Écrits I : Herméneutique et tradition philosophique. Écrits II : Herméneutique et champ de l'expérience humaine* (1982) ; *La Philosophie herméneutique* (1996).

▪ La vérité est solidaire de l'existence concrète du sujet

Gadamer, avec son ouvrage *Vérité et méthode*, s'engage dans la réflexion philosophique de la compréhension et de l'herméneutique. Dépassant l'œuvre de Dilthey, il propose une analyse phénoménologique de l'interprétation. La compréhension ne se règle pas sur un idéal d'objectivité scientifique, pour laquelle la vérité est absolument indépendante de l'interprète ; elle est, au contraire, solidaire de l'existence concrète de celui qui comprend. La compréhension vise une vérité qui échappe au modèle de la vérité scientifique. De plus, elle n'est pas une réalité marginale ou anodine mais un mode d'être fondamental de l'existence humaine.

« *Pour nous, plus le procédé de la science s'étend à tout ce qui est, plus il devient douteux qu'à partir des présuppositions de la science la question de la vérité dans toute son étendue soit véritablement admise. Nous nous demandons instamment : jusqu'à quel point les procédés de la science sont-ils responsables du fait qu'il y ait tant de questions auxquelles nous devons avoir une réponse et que, cependant, la science nous interdit ?* »

Hans Gadamer, *Qu'est-ce que la vérité ?*

Pour saisir la différence entre la conception scientifique et restritive de la vérité et la notion de vérité dans toute son étendue Gadamer s'intéresse en premier lieu à trois expériences distinctes, celles de l'art, de l'histoire et du langage, qui permettent de saisir la vérité de la compréhension. En fait, Gadamer rejette une vérité qui serait entièrement fondée sur la certitude subjective du sujet connaissant. Art, histoire et langage sont remarquables à cet égard car ils destituent la primauté du sujet au profit de la chose.

L'art comme provocation de l'interprétation

L'expérience de l'art peut être comprise à partir de celle du jeu. Gadamer insiste sur le fait que les joueurs sont indépendants du jeu en tant que tel, qui leur préexiste avec ses règles et son but, de sorte que l'essence du jeu est distincte des joueurs qui y participent. L'art est comparable au jeu, en ce sens que la conscience du spectateur ne « fait » pas l'œuvre d'art. C'est, au contraire, celle-ci qui permet au sujet d'expérimenter un certain rapport au réel. Gadamer s'oppose ici à la conception moderne et subjective de l'art pour laquelle tout serait dans le regard du sujet et son goût subjectif. L'œuvre est au contraire une œuvre objective, réelle, massive, qui présente au spectateur un aspect de la réalité laissé inaperçu dans la vie ordinaire. Et, ici aussi, la conscience de l'auteur n'a rien à voir avec l'expérience que le spectateur peut faire par le biais de l'œuvre. L'œuvre est première : elle saisit d'abord le sujet qui peut ensuite émettre un jugement de goût. L'œuvre d'art est l'événement d'une présentation de la réalité ayant toujours un sens. Elle provoque l'interprétation à son propos.

L'histoire, l'expérience d'une compréhension spontanée

Nous avons déjà compris avec Dilthey que l'histoire nous conduit à la nécessité d'une herméneutique, c'est-à-dire d'une compréhension qui élargisse la conception scientifique de la vérité.

« C'est à la naissance de la conscience historique que l'herméneutique doit sa fonction centrale au sein des sciences de l'esprit. »

Gadamer, *Vérité et méthode*

Car en effet le monde culturel et humain dans lequel nous vivons implique une compréhension. Il a indéniablement une dimension historique, c'est-à-dire aussi relative, changeante, variable. Alors que Dilthey était "encore" à la recherche d'une compréhension scientifique, Gadamer rejette toute conception de l'enquête histo-rique qui assigne à l'historien la fonction de reconstruire métho-diquement et objectivement le passé ; qui considère que le passé, mort, n'a d'intérêt que pour le progrès présent ; enfin, qui exige de l'historien qu'il se défasse de ses préjugés modernes. Gadamer récuse cette conception de l'histoire et de la compréhension qu'elle implique. Pour lui, la compréhension n'est pas une opéra-tion méthodique. L'homme a la possibilité d'écrire l'histoire pas-sée parce qu'il est lui-même un être historique, plongée dans la situation de son époque. Nous sommes capables de comprendre une époque révolue à partir des préjugés de notre époque, à partir de la "situation herméneutique" qui est la nôtre. L'enracinement historique qui est le nôtre est la condition de notre compréhen-sion des époques passées. Il doit aussi être l'objet d'une prise de conscience qui nous révèle la finitude de notre compréhension. Contrairement aux sciences exactes nous ne pouvons pas nous extraire de notre époque.

Contre « le préjugé à l'égard des préjugés »

Pourquoi est-il question de préjugés ? La philosophie des Lumières et son idéal rationaliste avaient réduit le préjugé à une opinion reçue non examinée, provenant d'une expérience ou d'une tradition. Le préjugé s'oppose à l'exercice autonome de la raison comme obstacle qui peut toujours entraver ses efforts pour chercher la vérité. Gadamer veut mettre au jour « le pré-jugé à l'égard des préjugés ». Il propose une critique de la criti-que du préjugé en vue de réhabiliter ce dernier.

Le premier argument de Gadamer est que le projet de se déles-ter de tous nos préjugés et croyances est un idéal rationnel inac-cessible pratiquement. Une telle autonomie signifierait que nous serions abstraitement « hors monde ». Le second argu-ment reconnaît au préjugé une véritable positivité. En effet, sans préjugés nous ne pourrions comprendre aucune époque antérieure car :

« *Toute interprétation doit s'accommoder de la situation hermé-neutique à laquelle elle appartient.* »

Gadamer, *Vérité et méthode*

Celui qui comprend l'histoire est « en situation » dans l'histoire, il est concerné par le passé vers lequel il se tourne. Le préjugé doit plutôt être reconnu comme une pré-compréhension en amont de l'exercice rationnel du sujet. Il témoigne de l'inscription du sujet dans une histoire, une culture, une tradition, c'est-à-dire aussi un lien avec les autres et les expériences passées :

> « *Bien avant de nous comprendre dans une réflexion rétrospective, nous nous comprenons de manière évidente dans la famille, la société et l'État où nous vivons. Le foyer qu'est la subjectivité est un miroir déformant. La réflexion de l'individu sur lui-même n'est qu'une étincelle dans les circuits fermés de l'histoire.* »

> **Gadamer**, *Vérité et méthode*

La compréhension doit être comprise comme un dialogue. Se tourner vers les œuvres du passé revient à lire un texte, à le comprendre, à mettre au jour un sens qui est pas une objectivité désincarnée mais un sens pour nous qui le comprenons ici et maintenant. La situation herméneutique dans laquelle s'enracine notre compréhension en est la condition d'intelligibilité et de possibilité. Or, comme il l'est pour tout dialogue, le langage est le milieu de la compréhension.

■ Le langage, dimension essentielle de la compréhension

Ce que le langage n'est pas

Pour comprendre l'importance du langage dans l'élaboration gadamérienne de la compréhension, il faut partir de ce que celui-ci n'est pas. Le langage n'est pas un instrument neutre qui permettrait de communiquer. Cette conception vulgaire le réduit à un outil pratique qui manque son essence. Elle supposerait, en particulier, que le langage serait extérieur, voire étranger au rapport de l'homme au monde. Comme pour l'expérience de l'art ou de l'histoire, Gadamer va renverser les rapports traditionnels.

Le langage n'est pas la faculté d'expression d'un sujet, mais la condition du sens qui précède tout sujet. Le langage est antérieur à l'individu et le constitue comme ouvert au monde. Il est faux de réduire le langage à l'énoncé (c'est-à-dire à la logique comme Frege et Russell) ; la vérité ne peut être réduite à l'objectivité scientifique (du type des sciences physiques) pour un être dont le langage et la compréhension constituent le rapport au monde. Il est tout aussi erroné de réduire le langage aux abstractions linguistiques qui décomposent la langue réelle en signes sans considérer qu'elle est parlée et prise dans les rapports que nous avons avec les autres comme avec la phénoménalité du monde.

Le langage comme condition de l'être-au-monde

Le langage est ainsi élevé au rang de « condition langagière de notre expérience du monde » (*L'Art de comprendre*). Le langage est finalement le « lieu » où nous avons accès à l'être puisque l'être est parole :

« *L'être, qui peut être compris, est langue.* »

Gadamer, Vérité et méthode

Ce n'est pas seulement l'être qui se donne dans le langage mais surtout autrui. Le langage est la marque de notre finitude, puisque nous ne pouvons jamais espérer de parole adéquate, mais il est la condition d'une compréhension mutuelle, d'un dialogue possible :

« *Nous nous comprenons les uns les autres dans la mesure où nous parlons les uns aux autres, dans la mesure où nous ne tenons pas le même langage et où cependant, en fin de compte, nous apportons les uns devant les autres, dans l'usage des mots, les choses dites par les mots.* »

Gadamer, L'Art de comprendre II

C'est d'ailleurs pourquoi l'« herméneutique est un art de l'entente » (*L'Art de comprendre I*).

On peut conclure avec Gadamer, qui rejoint ici la philosophie analytique, de l'importance nouvelle que la philosophie contemporaine accorde au langage :

« Toute pensée est irrésistiblement attirée dans les voies du langage. Toute interprétation, qui a elle-même un caractère linguistique, renvoie aussi à cette expérience [...] la manière dont, aujourd'hui, nous rapportons l'emploi des concepts à leur histoire lexicale, afin de réveiller leur sens linguistique authentique, vivant, évocateur, rejoint à mon avis l'étude des jeux vivants de langage pratiquée par Wittgenstein, et, à coup sûr, les recherches de tous ceux qui travaillent dans la même direction. À cet égard, la science et l'expérience de la vie humaine dans le monde se rencontrent aujourd'hui dans ce thème philosophique du langage. »

Gadamer, *Vérité et méthode*

Ricœur, une herméneutique de l'existence

Philosophe français, professeur à Strasbourg, à la Sorbonne puis à l'université de Nanterre, Paul Ricœur (1913-2005) a fortement contribué à introduire la phénoménologie en France dans les années cinquante (*À l'école de la phénoménologie*) en présentant et traduisant l'œuvre de Husserl. Il a également fait connaître l'œuvre de Jaspers et la philosophie existencielle allemande. Il est l'un des principaux représentants contemporains de la philosophie herméneutique. Citons : De *l'interprétation. Essai sur Freud* (1965) ; *Temps et récit* (1983-1985) ; *Le Conflit des interprétations* (1969) ; *Du texte à l'action* (1986). *Soi-même comme un autre* (1990).

La philosophie de Ricœur peut se comprendre, dans la continuité de Husserl, Heidegger et de Gadamer (avec lequel pourtant il n'a entretenu que peu de rapports) comme une herméneutique de l'existence. Ricœur entend décrire comment se constitue le sens de notre existence, et donc de nos expériences fondamentales. Or, récusant la psychanalyse, qui rabat la conscience sur l'inconscient (voir chapitre 12), et le structuralisme, qui réduit le sujet et

© Groupe Eyrolles

le langage à une structure close *(idem)*, Ricœur affirme l'impossibilité d'une saisie directe des phénomènes par la conscience et la nécessité de l'interprétation des signes – les œuvres, la culture – par lesquels l'existence et le monde deviennent accessibles et compréhensibles. Alors que Gadamer cherchait à fonder la notion d'interprétation compréhensive, Ricœur tient la pluralité des interprétations comme un fait indépassable avec lequel nous devons composer, et se lance dans l'élucidation interprétative de l'existence :

« Médiation par les signes : par là est affirmée la condition originairement langagière de toute expérience humaine. La perception est dite, le désir est dit. »

Ricœur, *Du texte à l'action*

La vérité de notre existence ne se donne que dans la pluralité des interprétations ; une seule interprétation ne suffit pas à épuiser le sens de l'existence humaine. Ainsi enracinée dans la phénoménologie et l'herméneutique, l'œuvre de Ricœur a de riches développements moraux et politiques centrés sur la réalité du sujet, son identité, le mal, la justice.

Bibliographie

Découvrir les auteurs
Hans-Georges GADAMER, *Vérité et méthode*, Éd. du Seuil, 1996.
Hans-Georges GADAMER, *La Philosophie herméneutique*, PUF, 2001.
Hans-Georges GADAMER, *Le Problème de la conscience historique*, Éd. du Seuil, 1996.
Paul RICŒUR, *Le Conflit des interprétations : essai d'herméneutique*, Éd. du Seuil, 1993.
Paul RICŒUR, *Soi-même comme un autre*, Éd. du Seuil, 1996.

Études pour approfondir
Cahiers de l'Herne, *Ricœur*, 2 vol., Points/Essais, 2004.
Guy DENIAU, *Gadamer*, Ellipses, 2004.

« Le courant herméneutique » en questions

Qui l'a dit ?

Saurez-vous retrouver parmi la liste qui suit les auteurs de ces trois citations ?

1. « Nous expliquons la nature, nous comprenons la vie psychique. »
2. « L'être, qui peut être compris, est langue. »
3. « L'herméneutique est un art de l'entente. »

Auteurs :

A. Dilthey

B. Heidegger

C. Kierkegaard

D. Gadamer

QCM

1. L'herméneutique philosophique est...

A. l'art du dialogue avec autrui pour comprendre son intériorité.

B. une méthode de compréhension des actes humains distincte de l'explication causale des sciences de la nature.

C. l'interprétation des textes sacrés selon plusieurs niveaux de lecture.

D. une philosophie qui fait du langage et de son interprétation une dimension essentielle de l'existence humaine.

2. La vérité herméneutique est une vérité...

A. historique

B. religieuse.

C. interprétée.

D. scientifique.

3. Pour l'herméneutique, le langage est...

A. un outil de communication.

B. un moyen d'agir à plusieurs.

C. artistique.

D. une dimension de l'existence.

Le mot manquant

Trois termes parmi les citations suivantes ont été malencontreusement effacés. Saurez-vous compléter ce texte de Gadamer ?

« Par "conscience" (1) nous entendons la conscience de l'historicité de tout présent et de la relativité de toutes les opinions. L'apparition d'une telle prise de conscience est vraisemblablement la révolution la plus importante que nous ayons subie depuis l'avènement de l'époque moderne. Sa portée spirituelle dépasse probablement celle que nous reconnaissons aux réalisations (2), qui ont si visiblement transformé la face de notre planète. La conscience historique est un privilège, peut-être même un fardeau, tel qu'il n'en a jamais été imposé à aucune des générations antérieures. Personne ne peut plus se soustraire actuellement à la réflexivité qui caractérise l'esprit moderne. Dorénavant, il serait absurde de se confiner dans la naïveté et les limites rassurantes d'une tradition fermée sur elle-même. Ce comportement réflexif vis-à-vis de la tradition s'appelle (3) » (Gadamer, *Le Problème de la conscience historique*).

Réponses en page 195.

Chapitre 8

■ ■ ■

Le pragmatisme : vérité et action

Le pragmatisme (du grec *pragma*, l'action) est un courant philosophique américain apparu à la fin du XIXᵉ siècle dont Peirce est le fondateur. La critique européenne du pragmatisme le caricature souvent à travers des formules apparemment ridicules (« est vrai ce qui marche », « est vrai ce qui a du succès ») confondant deux sens du mot : le pragmatisme des affaires (effectivement développé dans un pays où la tradition commerciale est forte) et la pensée américaine. Le pragmatisme comme doctrine doit donc être clairement distingué du pragmatisme au sens courant du terme, qui désigne l'attitude de celui qui attache plus d'importance à la pratique qu'à la théorie.

Il faut également se déprendre du risque d'une seconde confusion. Le pragmatisme (substantif) est une doctrine philosophique plus large que la dimension pragmatique (adjectif) du langage. L'aspect pragmatique du langage (à distinguer des aspects syntaxique et sémantique : voir chapitre 2) concerne l'usage en acte de la langue. On peut s'étonner que le langage, ensemble de signes abstraits, soit ainsi rapproché de l'activité pratique de la parole, de la communication concrète. Pourtant, à partir de l'analyse des signes, Peirce va être à même de proposer une conception inédite et originale de la vérité qui concentre tout l'intérêt des débats autour de ce courant philosophique.

Peirce : la signification pratique des signes

Qui est Charles Sanders Peirce (1839-1914) ? Philosophe et logicien, Peirce marqua toute la philosophie américaine du XXe siècle dans les nombreux domaines qu'il étudia. N'ayant pas la possibilité de faire une carrière universitaire, ses ouvrages et articles furent publiés à titre posthume. Il laissa à sa mort environ cent mille pages de manuscrits et aucune œuvre systématique. Une faible partie seulement de la sélection d'écrits édités (*Collected Papers*, 8 vol., 1931-1958) est traduite en français. Il apporta des contributions majeures en logique contemporaine. Sa réflexion sur la nature des signes fonde la sémiotique (ou science des signes) qui est la source de la linguistique moderne, avec l'œuvre de Ferdinand de Saussure (1857-1913). (Voir chapitre 12, page 182.) Il est l'auteur d'une phénoménologie et le fondateur du pragmatisme. Peirce et William James étaient les principaux animateurs du *Metaphysical Club* où s'élaborèrent les thèses du pragmatisme.

■ La maxime du pragmatisme

Peirce est attentif à la complexité de la nature du signe, qui ne se laisse pas enfermer dans un seul aspect, et plus particulièrement à sa dimension pratique. Le pragmatisme est la théorie de la détermination de la signification des signes : comment arrêter l'acception d'un mot ? De fait, la signification d'un mot ne se réduit pas à la notion présente dans l'esprit de quelqu'un (la recherche de Peirce n'est pas psychologique) mais elle doit inclure les effets pratiques :

« *Considérer quels sont les effets pratiques que nous pensons pouvoir être produits par l'objet de notre conception : la conception de tous ces effets est la conception complète de l'objet.* »

Peirce, *Collected Papers*

Cette maxime du pragmatisme exige d'être éclaircie.

▪ Une méthode plutôt qu'une doctrine

Cette méthode permet d'abord de fournir un critère de démarcation entre les énoncés abstraits ayant un sens et ceux qui en sont dépourvus. L'énoncé abstrait (les mots ou énoncés qui décrivent des choses et des êtres matériels ne sont donc pas concernés ici) doit pouvoir être la source de conséquences expérimentales et observables. La métaphysique est plus particulièrement visée puisque ses "énoncés" sont une « suite de mots disposés conformément à la grammaire, simulant une proposition sans en être une » (*Collected Papers*, 7.204).

Peirce vise par ce moyen à résoudre les problèmes philosophiques fondamentaux qui reçoivent des solutions diverses, voire contradictoires, ce dont témoigne l'histoire de la métaphysique. Le pragmatisme est donc une méthode de clarification des idées plutôt qu'une doctrine. Elle doit permettre de se débarrasser des idées générales de la métaphysique et des abstractions de l'idéalisme. Selon la formule de James, la fonction de la philosophie devrait être de découvrir « quelle différence résulterait-il pratiquement pour un homme » (*Le Pragmatisme*) s'il adoptait telle ou telle conception.

Une conception opératoire et plurielle de la vérité

▪ Une définition de la vérité tournée vers l'action

Ainsi en va-t-il de la notion de vérité. L'idée de la vérité-correspondance est inefficace et inconsistante. La vérité n'est pas simplement la concordance d'un énoncé avec la réalité. Elle doit permettre l'action. Ce qui importe n'est pas de développer des idées universelles mais des idées qui s'articulent dans (ou que prolonge) un dispositif opératoire pour l'action. La signification d'une idée dépend de la conduite concrète qu'elle suscite. Voilà ce qui permet de rendre nos idées claires. Telle est la valeur d'une idée ou d'une théorie qui « réside uniquement dans les effets concevables qu'elle est susceptible d'avoir sur la conduite de la vie » (*Collected Papers*).

De fait, cette conception de la vérité, articulée à l'action concrète, en plus d'être parfaitement originale, est la racine d'une nouvelle conception du savoir scientifique.

Vous avez dit « vérité-correspondance » et « vérité-cohérence » ?

Contrairement à ce que peut croire le sens commun, la notion de vérité est multiple. Il y a plusieurs manières de la comprendre et de la définir. Pour la vérité-correspondance, est vraie la théorie ou la proposition qui correspond adéquatement à ce qui existe dans la réalité. « Il pleut » est vrai si et seulement s'il pleut effectivement au moment où je parle. La vérité-cohérence est une conception plus élaborée. Elle découle notamment de la réflexion sur la vérité en mathématique. Dans la vérité-cohérence est vraie la proposition qui est cohérente avec l'ensemble des propositions d'un système donné (par exemple, une théorie physique ou un domaine particulier des mathématiques).

■ Une critique de l'idéalisme

La compréhension par Peirce de l'activité scientifique aboutit à une critique de l'idéalisme. Selon Peirce, en effet, la vérité n'est pas indépendante du consensus de la communauté des savants ; elle n'est pas détachée du sujet qui la produit, même si le sujet, en l'occurrence, est la communauté scientifique. Elle ne se fonde pas sur la certitude individuelle d'un *cogito* solitaire. Les théories sont provisoirement acceptées par la communauté des chercheurs. Nous ne doutons pas « en philosophie de ce dont nous ne doutons pas dans nos cœurs » (*Textes fondamentaux de sémiotiques*). Par cette formule, Peirce déclare explicitement qu'il n'y a aucune séparation entre notre vie sensible et partagée avec d'autres et nos conceptions scientifiques ou philosophiques.

De plus, l'activité scientifique ne vise pas la vérité absolue de ce que serait la nature en-soi (c'est-à-dire indépendamment de la connaissance que nous en prenons) ; une théorie scientifique n'est pas « vraie » au sens de la vérité-correspondance, elle est vraie au sens où elle permet des conséquences pratiques qui nous satisfont. Par conséquent, la conception de la science de Peirce est aussi "faillibiliste" que celle de Popper (voir chapitre 2). Nos théories scientifiques peuvent être remplacées par d'autres théories plus efficaces ou qui répondront à d'autres problèmes pratiques. Tels sont les deux aspects de l'anti-idéalisme du pragmatisme.

▪ Un empirisme radical

Notre connaissance repose sur l'expérience – le pragmatisme rejette toute théorie métaphysique *a priori* – et doit s'articuler avec elle. William James (1842-1910) accentuera la pensée de Peirce et donnera au pragmatisme des formules qui feront date :

« Le vrai consiste simplement dans ce qui est avantageux pour la pensée. »

James, *Le Pragmatisme*

Il étend à tous les domaines – religieux, moral, politique – la conception que Peirce faisait valoir pour le domaine scientifique. Il n'existe donc aucun absolu (Bien, Vérité, etc.) mais seulement des idées adaptatives et utilitaires. Seules l'efficacité et la satisfaction dans l'action comptent réellement.

« Le grand air, la nature avec tout le possible qu'elle renferme, voilà ce que signifie le pragmatisme prenant position contre les théories artificielles. »

James, *Le Pragmatisme*

Rappelons brièvement qui est William James. Après des études longues et discontinues, il devient tardivement un professeur original de physiologie à Harvard où il élargit son enseignement à la biologie, la psychologie et la philosophie. Il publie en 1890 *Les Principes de la psychologie*, qui présentent la psychologie comme une discipline indépendante, fondée sur la physiologie, et fonde le premier laboratoire de psychologie expérimentale. Il se tourne ensuite vers la philosophie et les grandes questions métaphysiques (la liberté, Dieu, le sens de l'existence) en proposant une méthode originale. Il s'agit de partir de l'expérience et non du fatras des thèses contradictoires empilées au fil de l'histoire de la philosophie. Ainsi, pour la question de la nature de

Dieu, James partit de l'expérience religieuse elle-même (*Les Formes diverses d'expérience religieuse*, 1902). Il en vient ainsi au pragmatisme selon lequel la signification d'une idée est à rechercher dans l'expérience dont elle procède. Citons (les principaux ouvrages de James ne sont pas disponibles en français) : *Le Pragmatisme* (1907) ; *Signification de la vérité* (1909).

Sa doctrine, plus radicale, implique également qu'on accepte le pluralisme dans l'ordre moral comme dans celui de la connaissance.

« *La vérité terrestre ne dure pas plus que la beauté terrestre, mais elle n'en est pas moins précieuse.* »

F. C. S. Schiller, *Logique formelle : un problème scientifique et social*

Comme l'exprime Rorty, une telle conception de la vérité prétend éviter le scepticisme :

« *Tant que vous êtes dans une pensée de la représentation, vous demeurez sous la menace du scepticisme. Car il n'y a pas de réponse possible à la question de savoir si votre représentation correspond ou non à la réalité. Le pragmatisme permet de renoncer aux formes d'idéalisme tout en évacuant toute possibilité de scepticisme.* »

Rorty, *Conséquences du pragmatisme*

Le pragmatisme prend part dans le débat philosophique de la connaissance et il tranche vigoureusement pour une critique radicale de la tradition philosophique. Renoncer à fonder une vérité absolue au profit d'une conception opératoire et plurielle de la vérité n'implique pas qu'il faille désespérer de la connaissance humaine. Il était important de le préciser, notamment pour les enjeux dans le domaine de l'action et de la morale.

Outre Peirce et James, d'autres noms du mouvement pragmatique méritent d'être mentionnés ici. Ainsi, John Dewey (1859-1952) fonde l'École de Chicago. Il développe le pragmatisme dans le domaine éducatif notamment. Concevant la pensée comme une succession d'expérimentations, il réfléchit aux conséquences pédagogiques qu'il faut en tirer pour l'éducation des enfants. Citons également Ferdinand Canning Scott Schiller (1864-1937) et George Herbert Mead (1863-1931). Richard Rorty (né en 1931) est le principal représentant contemporain du pragmatisme aux États-Unis.

Bibliographie

Découvrir les auteurs

William JAMES, *La Signification de la vérité*, L'Harmattan, 1996.
Richard RORTY, *Objectivisme, relativisme et vérité*, PUF, 1994.
Richard RORTY, *Conséquences du pragmatisme*, Éd. du Seuil, 1993.
Charles S. PEIRCE, *Écrits sur le signe. Textes choisis*, Éd. du Seuil, 1978.
Charles S. PEIRCE, *Œuvres philosophiques*, 2 vol., Éd. du Cerf, 2002-2003.
Charles S. PEIRCE, William JAMES et John DEWEY, *Le Pragmatisme. Textes choisis*, Bordas, 1971.

Approfondir par la lecture d'études

Standy CAVELL, *Qu'est-ce que la philosophie américaine ?*, Folio/Essais, 2009.
Pierre GAUCHOTTE, *Le Pragmatisme*, PUF, « Que sais-je ? », 1992.
Claudine TIERCELIN, *Peirce et le pragmatisme*, PUF, 1993.

« Le pragmatisme » en questions

QCM

1. Le pragmatisme est une philosophie...

A. anglaise.

B. américaine.

C. allemande.

D. française.

2. Qui est le fondateur du pragmatisme ?

A. Dilthey

B. Peirce

C. James

D. Rorty

3. Le pragmatisme...

A. est une philosophie de l'action.

B. propose une définition originale de la vérité.

C. est une philosophie du langage.

D. propose une définition originale de l'action.

4. Qu'est-ce la vérité-correspondance ?

A. Une définition de la vérité comme adéquation à la réalité.

B. Une définition de la vérité comme cohérence logique.

C. Une définition scientifique de la vérité.

D. Une définition sceptique de la vérité.

Qui l'a dit ?

Saurez-vous retrouver dans la liste proposée les auteurs des citations suivantes ?

1. « Nous sommes si loin d'avoir le droit de conclure qu'une théorie est la *vérité même* que nous ne pouvons pas même comprendre ce que cela veut dire. »

2. « Considérer quels sont les effets pratiques que nous pensons pouvoir être produits par l'objet de notre conception : la conception de tous ces effets est la conception complète de l'objet. »

3. « Toute distinction théorique doit conduire à une différence dans la pratique. »

Auteurs :

A. James

B. Peirce

C. Schiller

D. Rorty

E. Dilthey

Réponses en page 196.

Chapitre 9

■ ■ ■

L'irruption de la technique

La technique est l'une des caractéristiques fondamentales du XXᵉ siècle. Le nombre d'objets techniques, d'outils, de machines, de "nouvelles technologies" qui façonnent notre quotidien est devenu considérable. Émerveillés devant les artefacts que nous manipulons, subjugués devant un "progrès" technique exponentiel, nous sommes également terrifiés par l'énorme impact de la technique contemporaine sur la vie de chacun, l'organisation de la société et sur la nature. L'invention de la bombe atomique en 1945 – et les perfectionnements ultérieurs qui accroissent encore sa puissance destructrice –, les usines de mort de la Shoah, l'exploration de l'espace ou la manipulation du patrimoine génétique : autant d'exemples qui prouvent que l'activité technique humaine est aujourd'hui une préoccupation. D'objet marginal pour la réflexion philosophique, la technique est progressivement devenue une question décisive. La notion de technique, qu'on pouvait réduire à un instrument neutre maîtrisé et utilisé en vue d'une fin que l'on décide, se révèle plus complexe.

« *Quand nous considérons la technique comme quelque chose de neutre, c'est alors que nous lui sommes livrés de la pire façon : car cette conception, qui jouit aujourd'hui d'une faveur toute particulière, nous rend complètement aveugles en face de l'essence de la technique.* »

Heidegger, *Essais et conférence*, « *La question de la technique* »

L'outil, la machine et l'homme

Le terme de technique vient du grec ancien *téchnè*. Il désigne tout ce qui doit son existence à l'intervention et à l'invention humaines, par opposition aux êtres naturels qui naissent, croissent et meurent par eux-mêmes. La technique désigne un savoir-faire développé par l'entraînement, l'apprentissage et la pratique. L'artisanat illustre bien ce sens du mot. Néanmoins, la multiplication des inventions techniques au fil de l'histoire a enrichi la signification du terme. Sous l'unité apparente du mot existent dorénavant des réalités hétéroclites qui exigent de nouvelles distinctions.

L'outil et le travail humain

L'outil est un instrument technique qui permet d'augmenter les capacités d'action de l'homme, soit en lui facilitant une tâche qu'il pourrait accomplir sans outil avec une peine plus grande, soit en perfectionnant son travail en rendant son résultat plus précis ou plus efficace. La progression de la technique des outils – leur perfectionnement, leur sophistication – ne peut qu'être bénéfique en soulageant l'homme de la partie la plus laborieuse de ses tâches.

Pensée en termes d'outil, la technique est un moyen qui permet de réaliser une fin. Elle est un moyen d'action qui me permet de parvenir à la fin souhaitée. Par conséquent, la responsabilité en revient ultimement à celui qui invente et qui utilise la technique : l'homme lui-même. Cette compréhension classique de la technique en fait essentiellement un instrument vis-à-vis duquel l'homme conserverait sa liberté.

La souveraineté de l'homme sur la technique et la nature

Cette liberté, que l'homme exerce puissamment grâce à ses outils, devient une souveraineté envers la nature, comme le disait déjà Descartes qui voulait qu'on se rende « comme maîtres et possesseurs de la nature » (*Discours de la méthode*, VI).

La nature, envisagée du point de vue de la technique et de l'activité souveraine, est réduite au rang de matériau qu'on peut librement exploiter, disposer, agencer, combiner selon nos souhaits et notre puissance. La technique démystifie et désenchante la nature qui, perdant son caractère sacré et mystérieux, devient un ensemble de forces et de matériaux disponibles. Cette souveraineté est d'autant plus forte que la technique se développe par la raison. Un outil, une technique est en quelque sorte le fruit de la raison qui met en place un moyen en vue d'une fin. L'action permise par la rationalité technique est maîtrisée et réfléchie.

■ La machine, un substitut au travail humain

L'apparition de la machine à la fin du XVIIIe siècle a bouleversé l'histoire des techniques. Qu'est-ce qu'une machine ? C'est un assemblage de parties, un engin construit qui accomplit de lui-même les opérations programmées. L'idée d'automotricité est essentielle à la notion de machine qui accomplit seule la tâche et se substitue au travail humain. Il y a déjà là une perte d'autonomie et de maîtrise qui va se trouver confirmée. Les bouleversements du XXe siècle vont remettre en question la conception instrumentale et traditionnelle et amener certains penseurs à développer une réflexion originale.

La problématique de la technique contemporaine

■ L'ambivalence de la technique

Le XIXe siècle était déjà sensible à l'ambivalence de la technique moderne – comme l'était Mary Shelley dans son célèbre *Frankenstein, ou le Prométhée moderne* (1818). Marx avait montré dans quelle mesure l'apparition des machines à l'époque moderne n'a pas soulagé l'homme de son travail pénible mais a transformé ses conditions de travail. Celui-ci est devenu plus pénible pour l'ouvrier (cadences, dépendance à la machine), même si les machines ont accru la productivité des biens (société de consommation de masse). Ainsi, le progrès que constitue le passage des outils aux machines apparaît comme ambivalent. Esclave du travail, l'homme est devenu esclave des machines qui accomplissent le travail à sa place, comme le montre Charlie Chaplin dans *Modern Times* (1936). L'introduction de la machine va aliéner le travailleur.

« L'emploi capitaliste des machines ne tend qu'à diminuer le prix des marchandises, à raccourcir la partie de la journée où l'ouvrier travaille pour lui-même, afin d'allonger celle où il ne travaille que pour le capitaliste. »

Marx, *Le Capital*

La technique se révèle ambivalente. Il n'est plus possible d'affirmer que les innovations techniques constituent un "progrès". D'Auschwitz à Tchernobyl, de la manipulation génétique au contrôle chimique du comportement, du perfectionnement des armes atomiques et conventionnelles au bouleversement des conditions de travail, la technique est devenu un risque, une menace, un danger. La maîtrise et la souveraineté qui semblaient la caractériser paraissent plus faibles. La rationalité qui la fondait vacille. L'homme, selon la formule d'Ellul, paraît avoir perdu son autonomie.

« Il n'y a pas d'autonomie de l'homme face à l'autonomie de la technique. »

Ellul, *La Technique*

Qui est Jacques Ellul (1912-1994) ? De l'œuvre multiple de ce penseur et sociologue français, on a essentiellement retenu sa réflexion sur la technique (*La Technique ou l'Enjeu du siècle*, 1954). Ellul a développé l'idée que la technique est un phénomène caractéristique et essentiel à la modernité occidentale, qui se développe de lui-même et s'auto-accroît, imposant ses normes d'efficacité au mépris du monde humain.

« J'ai montré sans cesse la technique comme étant autonome, je n'ai jamais dit qu'elle ne pouvait pas être maîtrisée. »

Ellul, *Changer de révolution*

▪ De la technique aux technologies

Qu'est-ce que la technique moderne ? Bachelard propose le terme de bi-objet ou de technoscience pour qualifier la technique contemporaine. Le progrès technique voit en effet aux XIXe et XXe siècles le passage des anciennes machines aux nouveaux objets technologiques. L'accroissement des connaissances scientifiques, le développement des sciences de la nature comme celui de la biologie autorisent la conception et la construction de techniques révolutionnaires et complexes. Solidaire de la connaissance scientifique des lois de la nature, la technique moderne est donc différente et inédite.

Ainsi, par exemple, une simple lampe électrique – la lampe d'Edison – requiert la connaissance des lois des phénomènes électriques, au premier rang celle de la résistance qui permet de savoir qu'un fil extrêmement fin qui ne brûle pas peut éclairer. À partir du tungstène, matière artificielle, il devint possible d'inventer un objet technologique inédit : une « lampe » électrique. Elle repose sur un principe (empêcher la combustion du fil) opposé au principe des techniques traditionnelles d'éclairage (où l'on brûlait une matière – cire, pétrole, bois – pour produire de la lumière). Comme la lampe électrique, les techniques modernes reposent sur des connaissances scientifiques et non sur l'imitation des phénomènes naturels.

Vous avez dit « technique » et « ethnocentrisme » ?

Lévi-Strauss a mis en évidence l'ethnocentrisme qui consiste à juger des autres cultures en prenant la sienne comme critère. En réhabilitant la société « archaïque » (*La Pensée sauvage*, 1962), il a critiqué le préjugé qui qualifie d'arriérées ou d'archaïques les techniques des sociétés traditionnelles. Si elles ne reposent pas sur la science moderne, elle intègrent néanmoins une technicité particulièrement complexe. Les critiques de l'ambivalence de la technique moderne iront finalement dans ce sens.

Penser les catastrophes du xxᵉ siècle

▪ Anders : la reformulation des problèmes moraux et politiques

Philosophe allemand, élève de Cassirer, Husserl et Heidegger, premier mari de Hannah Arendt, écrivain et journaliste, militant pacifiste et anti-nucléaire, Günther Anders (1902-1992) s'est consacré à la question de la technique, et plus particulièrement à celle des conséquences pour l'humanité de l'existence de la bombe atomique. Il eut une correspondance avec Claude Eatherly, pilote de l'un des bombardiers qui larguèrent la bombe atomique sur Hiroshima. Anders propose des réflexions originales faites de nombreuses analyses concrètes de la condition de l'homme moderne. De ses nombreux ouvrages, citons : *L'Obsolescence de l'homme* (1956), *Avoir détruit Hiroshima* (1962) et *Nous, fils d'Eichmann* (1964).

Anders assigne à la philosophie la tâche de penser les catastrophes du xxᵉ siècle.

« Ce qui fut hier réalité, dans la mesure où les présupposés n'en ont pas été fondamentalement changés, est également possible aujourd'hui ou à nouveau ; que donc le temps du monstrueux n'a peut-être pas été un simple interrègne. »

Anders, *Nous, fils d'Eichmann*

Or, parmi les présupposés des catastrophes que furent les totalitarismes et leurs crimes de masse ou encore les deux guerres mondiales, la technique est indéniablement une de leurs dimensions. Il faut donc reformuler les problèmes moraux et politiques à partir d'une réflexion inédite sur la technique. Quand Anders écrit à Claude Eatherly, le pilote d'Hiroshima, c'est en ce sens :

« *Quand on fait du tort à un seul être humain il est difficile de s'en consoler. Mais dans votre cas, il y a autre chose. Vous avez le malheur d'avoir éteint deux cent mille vies. Où trouverait-on la puissance de souffrance correspondant à deux cent milles vies éteintes ? Comment se repentir d'avoir tué deux cent milles êtres humains ? Quel que soit l'effort que vous fassiez, votre douleur et votre repentir ne seront jamais à la mesure de ce fait.* »

Anders-Earthly, *Avoir détruit Hiroshima*

La honte prométhéenne

Anders s'intéresse à un singulier renversement du rapport homme-technique auquel il donne le nom de honte prométhéenne. Au regard des perfectionnements techniques et par conséquent de ce dont sont capables dorénavant les machines que nous fabriquons, l'homme est devenu une antiquité : il est lui-même obsolète. Les machines sont d'une précision, d'une vitesse, d'une résistance et d'une puissance qui dépassent de loin les capacités naturelles d'un individu. Nous ne pouvons pas être fiers de ces machines, comme un artisan pouvait l'être face à ses productions, puisque les machines sont dorénavant fabriquées par d'autres machines, selon une division du travail qui nous échappe :

« *99 % des individus n'ont pas fabriqué les machines qu'ils utilisent.* »

Anders, *L'Obsolescence de l'homme*

Cette honte se manifeste étonnamment dans un désir de devenir-machine. Esthétiquement il s'agit de donner au corps la beauté des choses fabriquées – le côté lisse, apprêté, étincelant et immaculé des machines neuves. De nouvelles danses apparaissent où musique et danseurs sont pris de la « fureur de la répétition qui piétine toute temporalité et imite le fonctionnement d'une machine » (*L'Obsolescence de l'homme*).

« *Jamais on n'avait vu l'homme s'humilier à ce point devant ses propres machines.* »

Anders, *L'Obsolescence de l'homme*

L'autonomie de la technique

Anders considère que l'homme n'est plus l'agent autonome de ses instruments. La technique dépasse dorénavant le simple statut d'instrument. Elle désigne plutôt un monde qui conditionne irréductiblement nos actions. Notre vie est faite de machines, produites par d'autres machines qui, elles-mêmes, requièrent de nouvelles machines pour être entretenues, réparées, recyclées. Les machines forment donc un réseau (une mégamachine) qui tend à se développer de lui-même et érode notre capacité à assigner des limites au fonctionnement de nos objets technologiques. Dans une sorte de retournement inquiétant, l'homme n'est plus le sujet rationnel et maître des moyens d'action qu'il invente et développe, mais devient l'objet d'un monde de machines de plus en plus autonomes.

Anders l'illustre en reprenant l'épisode du célèbre dessin animé de Walt Disney :

« Un serviteur a mis la main sur la formule magique que son maître utilise pour transformer un manche à balai en domestique capable de travailler de façon autonome. Sans se soucier des conséquences [...], le serviteur prononce la formule et ordonne alors à l'ustensile devenu robot domestique d'apporter de l'eau pour le bain. »

Anders, *L'Obsolescence de l'homme*

On connaît la suite : le balai obéit puis obéit "horriblement" sans être capable de s'arrêter de lui-même. Le bain déborde et la pièce finit par être inondée. Telle est l'image de la technique pour Anders : l'homme déclenche des processus automatiques dont il perd le contrôle. De plus, ces processus sont si puissants qu'ils dépassent nos facultés de concevoir et d'imaginer leurs conséquences, rendant caduque la responsabilité morale. La technique se retourne en catastrophe – voire, avec l'arme atomique, en catastrophe finale.

▪ Jonas : le principe de responsabilité

Partant d'un constat similaire, Hans Jonas (1903-1993), dans *Le Principe responsabilité. Une éthique pour la civilisation technologique* (1979), propose néanmoins une réflexion moins pessimiste :

« *La thèse de ce livre est que la promesse de la technique moderne s'est inversée en menace, ou bien que celle-ci s'est indissolublement alliée à celle-là.* »

Jonas, *Le Principe responsabilité*

Les dimensions de l'agir humain sont désormais formidablement amplifiées. La technique, rappelons-le, permet d'agir et les conséquences de nos actes, des processus naturels que nous sommes devenus capables de déclencher sur Terre, ont des répercussions lointaines dans le temps et l'espace :

« *La clôture de la proximité et de la simultanéité a disparu, emportée par l'extension spatiale et la longueur temporelle des séries causales que la* praxis *[l'action] technique met en route.* »

Jonas, *Le Principe responsabilité*

Autrement dit, la responsabilité de nos actions, autrefois limitée dans le cercle étroit de nos rapports avec nos prochains, s'ouvre à une dimension inouïe, suite à la modification radicale, voire révolutionnaire, de notre condition humaine par le développement de la technique moderne. C'est là une « révolution que personne n'a programmée, totalement anonyme et irrésistible » (*Le Principe responsabilité*).

La transformation de l'agir humain modifie la responsabilité qui doit devenir « commensurable à la portée de notre pouvoir » (*Ibidem*). Le pouvoir de transformer ou de détruire que donne la technique crée simultanément le devoir d'en répondre. Nous devenons responsables devant les générations futures qui attendent de nous que nous réglions notre agir de façon à ménager pour elles la possibilité de vivre humainement dans un environnement naturel accueillant.

Bibliographie

Découvrir les auteurs

Günther ANDERS, *L'Obsolescence de l'homme*, Éd. Encyclopédie des nuisances, 2002.
Jacques ELLUL, *La Technique ou l'Enjeu du siècle*, Économica, 1990.
Martin HEIDEGGER, *Essais et conférence*, Gallimard, 1992.
Hans JONAS, *Le Principe responsabilité*, Flammarion, 2008.
Claude LÉVI-STRAUSS, *La Pensée sauvage*, Plon, 1990.

Approfondir par la lecture d'études

Bruno JARROSSON, *Humanisme et technique*, Que sais-je ?, 1998.
Jean-Pierre SÉRIS, *La Technique*, PUF, 2000.

« L'irruption de la technique » en questions

Qui l'a dit ?

1. « Plus s'accroît la puissance technique à disposition, plus décroissent les inhibitions devant son usage. À la fin, il s'agit de produire la nature elle-même, d'accélérer le temps et l'histoire jusqu'à leur abolition. »

2. « J'ai montré sans cesse la technique comme étant autonome, je n'ai jamais dit qu'elle ne pouvait pas être maîtrisée. »

Auteurs :

A. Ellul

B. Anders

C. Jonas

D. Heidegger

QCM

1. La technique est...

A. un nouvel objet de réflexion pour la philosophie.

B. un faux problème pour la philosophie.

C. une vieille question philosophique.

D. une question philosophique obsolète.

2. La technique correspond aux...

A. outils.

B. machines.

C. machines-outils.

D. nouvelles technologies.

3. La technique permet de...

A. dominer et exploiter la nature pour notre bonheur.

B. expliquer les lois de la nature.

C. devenir maîtres et possesseurs de la nature.

D. nous protéger des dangers de la nature.

4. Qu'est-ce que l'autonomie de la technique ?

A. Les machines fonctionnent toutes seules.

B. La technique rend libre.

C. La technique n'est pas hétéronome.

D. La technique échappe à notre maîtrise.

Le mot manquant

Sept termes parmi les citations suivantes ont été malencontreusement effacés. Saurez-vous compléter les phrases suivantes ?

1. « Il n'y a pas d'autonomie de (1) face à l'autonomie de la (2) » (Ellul, *La Technique ou l'enjeu du siècle*).

2. « Jamais on n'avait vu l'homme s'humilier à ce point devant ses propres (3) » (Anders, *L'Obsolescence de l'homme*).

3. « L'ouvrier à qui il n'est jamais arrivé de rater son geste et de regarder alors, incrédule, défiler le tapis roulant de la chaîne ; celui qui n'a jamais été rejeté sur le rivage de son ancien moi et n'a jamais fait l'expérience de ce qu'on appelle précisément "se retrouver soi-même" ; celui dont le regard ne s'est jamais posé avec stupéfaction sur ses mains, des mains balourdes, ces mains dont le caractère (4) et l'imperfectible incompétence ont provoqué sa chute – celui-là ne sait pas ce qu'est la (5) d'aujourd'hui, quelle (6) naît aujourd'hui, chaque jour, des milliers de fois. Quand à celui qui en conteste la réalité, admettons qu'il réagit ainsi parce que la force de la (7) que nous ins-pirent aujourd'hui les choses le fait à son tour rougir de (8) » (Anders, *L'Obsolescence de l'homme*).

Réponses en page 196.

Chapitre 10

■ ■ ■

Une réflexion morale renouvelée

La morale (du latin *mores*, les mœurs), ou l'éthique (du grec *ethos*), concerne le domaine des actions individuelles et des jugements de valeur que nous portons sur elles. Nous faisons en effet une différence entre la sincérité et le mensonge, entre la fidélité et l'infidélité, entre le courage et la lâcheté. Ces valeurs orientent notre conduite dans nos rapports avec autrui. Nous sommes toujours dans une situation morale initiale, c'est-à-dire inscrits dans un monde et une histoire qui sont sédimentés dans des institutions et des mœurs, et qui ont donné forme aux relations familiales, amicales, amoureuses, économiques ou sociales.

La réflexion morale a pour objet la conduite humaine, l'agir, la vie dans son aspect pratique (du grec *praxis*, action). La philosophie morale vise à déterminer par la raison la conduite légitime, ce qui est juste et bien d'accomplir – l'excellence humaine – et les fondements d'une telle morale. Elle naît d'un ébranlement de cette morale familière et "naturelle", d'une expérience, d'une rencontre ou d'une crise qui vient inquiéter notre certitude morale. La philosophie morale commence lorsque l'on s'arrache aux coutumes et règles de vie communément reçues et que l'on se demande :

« Comment faut-il vivre ? »

Platon, *Gorgias*

L'époque contemporaine – par les bouleversements qui la secouent – est l'occasion d'une telle crise et par conséquent d'un renouvellement de la réflexion morale.

Repenser les fondements de la morale

■ L'autonomie du sujet

Le jugement moral qui consiste à affirmer qu'une action est "bonne" ou "convenable" – ou, au contraire, "mauvaise" – suppose que l'agent aurait pu agir différemment. Au fondement de la morale, il y a la liberté ou l'autonomie des individus qui décident de leur conduite.

« *Si les hommes ne peuvent être incriminés, cessons d'appeler le mal un mal moral.* »

Kant, *Critique de la raison pratique*

Si les hommes sont déterminés à agir comme ils le font par des causes ou des raisons qui ne dépendent pas d'eux, alors on ne pourrait pas parler au sens strict d'une action et l'idée même de la morale n'aurait aucun sens.

C'est pourquoi la critique du sujet qui conteste la réalité d'un tel agent autonome aboutit à l'affaiblissement des enjeux moraux. Une famille de philosophies a en effet porté le soupçon sur la réalité du sujet défini comme agent libre et conscient qui déciderait en toute transparence des fins de ses actions et des moyens à mobiliser pour les réaliser. Ainsi le marxisme, pour lequel la morale relèverait d'une idéologie qu'on explique en l'articulant aux rapports matériels et sociaux ; ou encore le structuralisme ou la psychanalyse (voir chapitre 12).

De la Renaissance à la philosophie des Lumières, l'humanisme reposait sur la conviction qu'il existait une nature humaine universelle sur laquelle il était possible de fonder une morale. Pour l'essentiel, l'humanité de l'homme était reconnue dans la possession de la raison. L'histoire (l'impérialisme colonial européen, les désastres du siècle) a ébranlé cette conception de l'humanité. La conscience moderne, de plus, s'est défaite de toute référence à une finalité naturelle vers laquelle l'homme devrait tendre, c'est-à-dire d'une excellence humaine fondée sur une nature de l'homme. Il devint alors nécessaire de penser l'humanité sans référence à une cosmologie naturelle ni à un Dieu qui serait le fondement transcendant des valeurs morales (selon la formule de Dostoïevski : « Si Dieu est mort, tout est permis »).

L'existentialisme, un autre humanisme

Dans ce contexte historique, Sartre réélabore un humanisme athée et sans référence à une nature humaine universelle. L'existentialisme de Sartre aboutit à une morale de la liberté qui trouve son exposé le plus vivant dans le texte de la conférence prononcée en 1945 : *L'existentialisme est un humanisme*.

▪ L'homme est projet à inventer

Le principe de cet humanisme existentialiste est la célèbre formule :

« *L'existence précède l'essence.* »

Sartre, *L'existentialisme est un humanisme*

Sartre entend par là que l'homme n'est rien au sens où il ne possède pas d'essence qui déterminerait son existence, sa conduite et son excellence. Il n'y a pas de définition de l'homme qui permettrait de déterminer des valeurs et une orientation morale légitime. C'est d'ailleurs ce qui fait une différence fondamentale entre l'homme et tous les êtres naturels :

« *L'homme est d'abord un projet qui se vit subjectivement, au lieu d'être une mousse, une pourriture ou un chou-fleur.* »

Sartre, *L'existentialisme est un humanisme*

Si l'on préfère une autre formulation, on dira que l'homme n'étant rien (l'homme est un néant), il est principalement un projet, c'est-à-dire une liberté :

« L'homme existe d'abord, se rencontre, surgit dans le monde, et qu'il se définit après. L'homme, tel que le conçoit l'existentialiste, s'il n'est pas définissable, c'est qu'il n'est d'abord rien. »

Sartre, *L'existentialisme est un humanisme*

La seule universalité est dès lors celle d'une *condition humaine*, c'est-à-dire d'une inscription concrète de l'existence dans une situation historique irréductible où l'homme agit. Agir de manière autonome, c'est donc mobiliser sa faculté de penser, de juger et d'agir au sein de la situation dans laquelle nous sommes. Par nos choix, nous reprenons les déterminations dont nous sommes l'objet (déterminations biologiques, sociales, biographiques), mais auxquelles nous ne nous réduisons pourtant pas, nous leur donnons sens et nous instituons nos propres fins. Sans projet *a priori* à réaliser, l'humanité de l'homme se trouve concentrée dans les actes auxquels nous nous décidons. Tel est le sens de la formule sartrienne :

« L'homme est condamné à être libre. »

« Je n'ai qu'une réponse à faire, vous êtes libre, choisissez, c'est-à-dire inventez. Aucune morale générale ne peut vous indiquer ce qu'il y a à faire ; il n'y a pas de signe dans le monde. »

Sartre, *L'existentialisme est un humanisme*

▪ La liberté est responsabilité de soi-même

Dès lors, en choisissant d'agir selon notre projet, nous engageons également l'humanité au sens où nous réalisons une potentialité inédite. Nous révélons que la forme d'existence que nous réalisons est une possibilité humaine :

« [...] J'engage non seulement moi-même, mais l'humanité tout entière. Ainsi, je suis responsable pour moi-même et pour tous, et je crée une certaine image de l'homme que je choisis ; en me choisissant, je choisis l'homme. »

Sartre, *L'existentialisme est un humanisme*

Cette morale de la liberté implique bien une responsabilité qui fait signe en définitive vers l'idée de *dignité*. C'est en ce sens qu'on pourrait entendre la formule de Deleuze :

« *[...] Ou bien la morale n'a aucun sens, ou bien c'est cela qu'elle veut dire et elle n'a rien d'autre à dire : ne pas être indigne de ce qui nous arrive.* »

Deleuze, *Logique du sens*

Être digne consiste d'abord à ne pas renoncer à cette liberté au fondement de notre existence et à toujours articuler nos actions au respect de cette liberté. Cette notion de dignité permet de penser l'indignité de la mauvaise foi et de l'inhumanité. La mauvaise foi (voir chapitre 6) est le nom de l'attitude de celui qui accepte de se croire illusoirement non-libre, de se penser comme une chose, entièrement déterminée par les circonstances, et d'évacuer le poids de sa responsabilité. L'inhumanité consiste dans le même sens à réduire l'être humain à une nature (ethnique, sexuelle, religieuse, sociale, etc.) ou à le traiter comme une chose.

Arendt : penser l'inhumain

Comme on le voit, la réflexion morale contemporaine est confrontée aux tragédies du XXᵉ siècle. La question de l'inhumanité se place au centre de nombreuses interrogations. Comment comprendre que l'être humain soit le seul qui puisse agir de manière inhumaine ? Comment concevoir que l'humanité puisse se retourner en son contraire ? Comme nous venons de le comprendre avec Sartre, l'humanité ne désigne ni un genre ni une nature universelle : elle se caractérise plutôt par une liberté moralement non orientée au fondement de notre existence. Arendt propose de son côté une réflexion originale et riche.

■ Face au mal radical : l'étude du cas Eichmann

En 1961, en Israël, l'officier nazi Eichmann fut jugé par un tribunal exceptionnel. Hannah Arendt fut envoyée comme correspondante d'un journal américain pour rendre compte des débats. Tandis que tous écoutaient les souffrances inhumaines dont les victimes témoignaient, Arendt s'est, quant à elle, tournée vers le bourreau, avec la volonté de comprendre comment de tels actes furent possibles. Comment les camps d'extermination ont-ils été possibles ? Comment ce mal absolu qu'est la Shoah peut-il être conçu ? Elle consignera ses réflexions dans un ouvrage qui fit date : *Eichmann à Jérusalem. Rapport sur la banalité du mal* (1963) – auquel fait écho l'ouvrage d'Anders, *Nous, fils d'Eichmann* (1988), plus axé sur la dimension technique de la catastrophe (voir chapitre 9).

Vous avez dit « Shoah » ?

Parmi les événements qui bouleversèrent la réflexion morale contemporaine, le génocide perpétré par les nazis principalement contre les Juifs est l'événement le plus tragique et le plus inouï du XXᵉ siècle. C'est le meurtre gratuit de millions d'innocents, c'est la destruction de la personnalité juridique et l'avilissement de la personne humaine, inhumainement traitée jusqu'à l'horreur. Voilà les raisons qui font de l'extermination de masse exercée par les nazis un événement absolument unique, voire irreprésentable, au sens où ce qui a eu lieu est inimaginable et inconcevable. Il requiert un nom propre, « Shoah », qui appartient à la langue hébraïque et qui signifie « la plus grande catastrophe ». Au procès de Nuremberg, le concept de "crime contre l'humanité", d'ailleurs imprescriptible, fut inventé pour qualifier juridiquement ce qui est le plus grand crime de l'histoire. On pourra s'approcher de ce qui eut lieu en lisant la littérature de témoignage qui lui est consacrée (voir « Pour aller plus loin »).

■ L'impensable banalité du mal

Qu'*Eichmann à Jérusalem* ait pu déclencher de violentes polémiques importe peu, tant il est dorénavant reconnu comme une contribution majeure à la philosophie morale contemporaine. Arendt défendit une thèse sur « l'effrayante, l'indicible, l'impensable banalité du mal » (*Eichmann à Jérusalem*).

Soucieuse de ne pas renoncer au fait que ce furent des individus concrets qui, par leurs actions, avaient organisé et effectivement réalisé un meurtre de masse d'innocents dans des conditions qui furent réellement horribles et inhumaines, Arendt récusa un certain nombre d'explications.

Elle soulignait les carences de l'explication par la bureaucratie :

« Le tribunal reconnut, dans le jugement, qu'un tel crime ne pouvait être commis que par une bureaucratie gigantesque s'appuyant sur les moyens que le gouvernement mettait à sa disposition. Mais dans la mesure où un crime reste un crime – ce qui est la condition de tout procès – tous les "rouages" de la machine, si insignifiants soient-ils, redeviennent, dans un tribunal, des acteurs, c'est-à-dire des êtres humains. »

Arendt, *Eichmann à Jérusalem*

Qu'un tel crime de masse ait exigé une bureaucratie et des moyens industriels et militaires est un fait indiscutable qui ne permet pourtant pas de comprendre complètement comment des individus se sont résolus à y participer activement.

Arendt récusa aussi l'explication qui mobilise l'idée de barbarie. Croire qu'un tel bourreau a pu accomplir ses crimes parce qu'il était un fou barbare sanguinaire le rejette en quelque sorte "en-dehors" de l'humanité et évite la brûlante question, la seule qui intéresse la compréhension morale, de comprendre comment des êtres humains ont pu agir inhumainement. Arendt rejette donc l'idée qu'Eichmann puisse être compris à partir de la notion de méchanceté, qu'il ait, en quelque sorte, agi en voulant diaboliquement réaliser le plus grand mal possible.

■ L'effondrement moral, conséquence de l'absence de pensée

C'est au contraire une étrange normalité, une inquiétante banalité qu'Arendt découvre dans les réponses et les justifications d'Eichmann à son procès. Il illustre ainsi la situation de l'individu dans un régime totalitaire qui est privé de repères éthiques et dont le jugement ne s'articule plus à la réalité. Eichmann s'exprimait par des clichés, des banalités, et manifestait apparemment un manque d'imagination et de pensée qui le rendait incapable de savoir ce qu'il faisait. Les clichés et les expressions toutes faites permettent de nous protéger de la réalité et de l'effort de pensée qu'elle requiert pour juger correctement les situations et les actes. Arendt repère ainsi « l'étrange lien entre l'absence de pensée et le mal » (*Eichmann à Jérusalem*, 461).

> « *Mon avis est que le mal n'est jamais "radical", qu'il est seulement extrême et qu'il ne possède ni profondeur ni dimension démoniaque. Il "défie la pensée" parce que la pensée essaie d'atteindre la profondeur, de toucher aux racines et, du moment qu'elle s'occupe du mal, elle est frustrée parce qu'elle ne trouve rien. C'est là sa "banalité".* »

Arendt, Lettre à Sholem, 24 juillet 1963

Ainsi donc la modernité se caractérise par la ruine du jugement moral : la crise de la culture, l'extinction de la religion, l'émergence de sociétés de masse pluralistes sans repères précis pour les individus, conduisent à comprendre à nouveaux frais la conduite morale. « L'effondrement moral de l'Allemagne nazie » (*Responsabilité et jugement*), l'amoralité des individus emportés par le régime totalitaire est la pointe extrême d'un même phénomène.

Soi et autrui : la relation au fondement d'une morale renouvelée

■ Un rapport de soi à soi

La morale désigne ainsi la capacité qu'un individu a d'être en relation avec lui-même, de penser la qualité de ses actes, de comprendre ses conséquences pour les autres humains avec lesquels il est sans cesse en interaction au sein de situations inédites.

« *La conduite morale semble dépendre principalement de la relation de l'homme avec lui-même. Il ne doit pas se contredire en faisant une exception en sa faveur ; il ne doit pas se mettre dans une situation dans laquelle il aurait à se mépriser. Moralement parlant, cela devrait suffire pour lui permettre de dire ce qui est juste et injuste, mais aussi de faire ce qui est juste et d'éviter ce qui est injuste. [...] ce n'est pas une question de souci de l'autre, mais de souci de soi, non d'humilité, mais de dignité humaine et même d'orgueil humain. La norme n'est pas l'amour du prochain ou l'amour de soi, mais le respect de soi.* »

Arendt, *Responsabilité et jugement*

■ Jankélévitch : une approche concrète de la morale

Qui est Vladimir Jankélévitch (1903-1985) ? Allemand, révoqué de l'université parce qu'il est juif en 1940, il s'engage dans la Résistance et rompt avec la culture germaniste. Jankélévitch sera professeur de philosophie morale à la Sorbonne de 1951 à 1978. Il analyse la vie morale concrète – il faut lire les longs développements du *Traité des vertus* sur la fidélité, la patience, la modestie, l'amitié, la générosité, le sacrifice, qui seront un modèle du genre longtemps imité. Il y a là une « phénoménologie morale » passionnante qui ouvre la philosophie à des motifs inattendus : le mystère, la nuance, le charme, le "je-ne-sais-quoi" et le "presque-rien" où se révèle l'essentiel de nos actes : « *la lueur imide et fugitive, l'instant éclair, le silence, les signes évasifs – c'est sous cette forme que choisissent de se faire connaître les choses les plus importantes de la vie* »

Jankelévitch, *Traité des vertus*

La réflexion morale de Jankélévitch est en effet attentive à l'instant fugitif où se réalise l'action moralement bonne qui est ouverture sincère à l'autre.

■ Lévinas et le primat de la relation éthique

Qui est Emmanuel Lévinas (1906-1996) ? Il fit ses études à Strasbourg, introduisit en France l'œuvre de Husserl et de Heidegger, enseigna à l'université. Son œuvre a considérablement renouvelé la philosophie morale. Son principal ouvrage est *Totalité et infini* (1961). L'originalité essentielle de Lévinas tient dans la primauté absolue qu'il reconnaît à la relation éthique. Autrement dit, l'éthique est la philosophie première qui précède même la philosophie de la connaissance. Autrui se présente à moi, je le rencontre par son visage où m'apparaît un être singulier absolument irréductible : « Autrui, qui vous est étranger ou indifférent, qui n'appartient ni à l'ordre de vos intérêts ni à celui de vos affections, cependant vous regarde » (*Totalité et infini*).

Il faut lire les belles descriptions phénoménologiques fidèles à l'irréductibilité et la richesse du rapport à autrui – de la rencontre du visage de l'autre, de la caresse, du regard, de la main, du temps, de la responsabilité, de l'amour et de la filiation (*Le Temps et l'Autre*, 1979 ; *Éthique et infini*, 1982).

Pour aller plus loin

Découvrir les auteurs
Hannah ARENDT, *Eichmann à Jérusalem. Rapport sur la banalité du mal*, Folio/Histoire, 1991.
Hannah ARENDT, *Responsabilité et jugement*, Éd. Payot et Rivages, 2005.
Vladimir JANKÉLÉVITCH, *Les Vertus et l'Amour*, 3 vol., Flammarion, 1986.
Vladimir JANKÉLÉVITCH, *Philosophie morale*, Flammarion, 1998.
Emmanuel LÉVINAS, *Éthique et infini*, le Livre de Poche, 1982.
Emmanuel LÉVINAS, *Le Temps et l'Autre*, PUF, 1983.
Paul RICŒUR, *Soi-même comme un autre*, Éd. du Seuil, 1990.
Jean-Paul SARTRE, *L'existentialisme est un humanisme*, Folio/Essais, 1996.

Approfondir par la lecture d'études
Alain BADIOU, *L'Éthique : essai sur la conscience du mal*, Nous Éds, 2009.
Éric BLONDEL, *La Morale. Textes choisis*, GF/Corpus, 1999.
André COMTE-SPONVILLE, *Petit Traité des grandes vertus*, Éd. du Seuil, 2001.
Agata ZIELINSKI, *Lévinas. La Responsabilité est sans pourquoi*, PUF, 2004.

Aborder la littérature de témoignage de la Shoah et du goulag :
Robert ANTELME, *L'Espèce humaine*, Gallimard, 1991.
Varlam CHALAMOV, *Récits de la Kolyma*, Verdier, 2003.
Marguerite DURAS, *La Douleur*, Gallimard, 1993.
Vassili GROSSMAN, *Vie et destin*, Le Livre de Poche, 1980.
Primo LÉVI, *Si c'est un homme*, R. Laffont, 1996.
Alexandre SLOJENITSYNE, *Une journée d'Ivan Denissovitch*, Pocket, 2006.
Alexandre SLOJENITSYNE, *L'Archipel du goulag*, Fayard, 2008.
Élie WIESEL, *La Nuit*, Éd. de Minuit, 2006.

« Une réflexion morale renouvelée » en questions

Qui l'a dit ?

Saurez-vous retrouver dans la liste proposée les auteurs des citations suivantes ?

1. « Si les hommes ne peuvent être incriminés, cessons d'appeler le mal un mal moral. »

2. « L'homme est condamné à être libre. »

3. « Mon avis est que le mal n'est jamais "radical", qu'il est seulement extrême et qu'il ne possède ni profondeur ni dimension démoniaque. »

4. « La conduite morale semble dépendre principalement de la relation de l'homme avec lui-même. »

Auteurs :

A. Sartre

B. Kant

C. Arendt

D. Jankélévitch

E. Anders

QCM

1. La philosophie morale s'intéresse...

A. à la valeur de nos actions et l'usage de notre liberté.

B. à l'existence humaine.

C. au mal.

D. à la nature.

2. Selon Sartre, la morale s'enracine...

A. dans une nature humaine.

B. dans la liberté de l'homme.

C. dans la vertu.

D. dans la mauvaise foi.

3. Être libre, c'est aussi...

A. vivre sans loi.

B. être seul.

C. être responsable.

D. faire ce qui nous plaît.

4. Quelle est, pour Arendt, la condition pour être moralement juste ?

A. Obéir aux lois.

B. Penser à ses actes.

C. Penser aux autres.

D. Ne pas réfléchir.

5. L'expression « la banalité du mal » signifie...

A. Le mal est quotidien.

B. Le mal est diabolique.

C. Le mal est banal.

D. Le mal est sans profondeur.

Réponses en page 196.

Chapitre 11

La philosophie politique au miroir de l'histoire

Dans les sociétés individualistes de masse de notre époque, le citoyen est majoritairement devenu apolitique. Il s'absente des scrutins électoraux, déserte les partis politiques, les manifestations et les autres moments de la vie militante de la cité. Cette attitude s'accompagne d'un désintérêt pour la vie politique et par conséquent d'une incompréhension des institutions communes, voire d'un mépris pour les hommes politiques. Cette désertion politique caractérise l'espace public contemporain. En se retirant de toute la vie publique comme en dénigrant la dignité de la question politique, le citoyen apolitique, sans toujours comprendre ce qui fonde sa propre opinion, est le fils d'une situation historique.

Vous avez dit « politique » ?

La politique désigne l'activité des hommes qui s'emploient à organiser ou à gouverner leur propre rassemblement ou leur être-ensemble. Elle comprend l'action par laquelle des projets sont effectivement menés et des institutions fondées et maintenues, mais aussi – et c'est essentiel – la parole. Celle-ci, sous toutes ses formes – débats, discussions, dialogues, meeting, manifestes –, est l'occasion pour ceux qui vivent ensemble de discuter et de décider de l'orientation et du sens de leur propre association.

L'époque moderne se caractérise par le projet collectif d'émanciper les individus et les sociétés du carcan des traditions qui entravent la liberté individuelle, de l'ignorance et des préjugés, grâce au travail de la connaissance et de la raison. Cette émancipation qui s'inspire d'un rationalisme humaniste et de la philosophie des Lumières s'élabore dans le projet d'une réorganisation de la société sur de nouveaux fondements et d'une réécriture du droit. Pour provoquer de tels changements dans l'existence sociale, il est nécessaire de procéder à une réforme, voire à une révolution. Réformes et révolutions portent en elles les promesses d'une libération moderne qui s'inscrit dans le progrès général du devenir de l'humanité.

Tel est l'héritage du XIXe siècle : une philosophie de l'histoire progressiste qui tente de saisir l'orientation générale de l'humanité ; la promotion de l'État moderne comme régime politique propre à fournir le cadre juridique d'une association plus juste et plus libre. Cette philosophie politique assure le progrès de la culture occidentale par le développement de la raison et de la science. Elle s'établit dans un contexte d'hégémonie occidentale sur le monde – à la Belle Époque.

Ces attentes s'effondrent au XXe siècle. L'impérialisme, qui accompagne le développement du capitalisme industriel, a supposé l'appropriation violente et ethnocentrique d'immenses colonies en Afrique et en Asie. La Première Guerre mondiale sonne la fin de l'hégémonie européenne. Les conséquences de ce conflit mondial seront présentes tout au long du siècle. La Seconde Guerre mondiale, le plus vaste conflit que l'humanité ait connu, bouleverse le monde qu'éprouve ensuite la guerre froide (c'est-à-dire une conjecture de guerre nucléaire totale). Avec la Shoah (voir chapitre 10) et l'apparition des armes atomiques – lancées à Hiroshima et Nagasaki –, et le déplacement de millions de personnes, les promesses de l'histoire et de l'État moderne s'écroulent. Les aspirations de la Révolution soviétique, accomplie au nom de l'idéal communiste et de la pensée de Marx, s'effondrent également. Saisie par l'histoire, la philosophie politique prend acte de ces événements et élabore des concepts nouveaux pour tenter une compréhension qui soit à la hauteur de son époque. Une refonte des concepts et des problématiques est nécessaire pour espérer maintenir la perspective d'une émancipation politique. Cette difficulté est affrontée notamment dans la critique du colonialisme et dans la pensée féministe. La philosophie politique se développe selon plusieurs axes : la critique de la philosophie de l'histoire héritée du XIXᵉ siècle ; la critique de la pensée de Marx (impliquant son renouvellement ou son abandon) ; la pensée du totalitarisme ; la réflexion sur l'État et la démocratie. Cette histoire particulière de la philosophie politique au XXᵉ siècle explique que ses développements apparaissent principalement après la Seconde Guerre mondiale.

La critique de la philosophie de l'histoire

La première tâche de la philosophie politique est indéniablement de produire une critique de la philosophie de l'histoire telle qu'elle a pu se développer au XIXᵉ siècle et culminer emblématiquement dans l'œuvre de Hegel (*Raison et histoire*, 1831).

▪ Histoire et philosophie de l'histoire

Le terme d'histoire signifie deux choses différentes. L'histoire, c'est d'abord le devenir des sociétés humaines et ensuite la connaissance et le récit de ce devenir. Or l'histoire est faite par des agents individuels et libres qui font des choix sans pouvoir se concerter d'une manière cohérente et rationnelle. C'est pourquoi elle fut longtemps comprise comme un chaos d'événements sans ordre ni raison, une rhapsodie d'événements contingents dans laquelle la raison ne peut retrouver la moindre perspective unitaire. Tandis que la raison cherche la nécessité dans les choses, l'histoire se présente comme un ordre de réalité parfaitement contingent. Cette tension explique pourquoi l'histoire fut longtemps éludée par la philosophie.

Vous avez dit « contingent » et « nécessaire » ?

La contingence désigne ce qui peut être ou ne pas être, la nécessité ce qui ne peut pas ne pas être. Un événement contingent est donc un événement qui aurait pu ne pas avoir lieu. Un phénomène nécessaire est un phénomène qui, compte tenu d'une loi naturelle ou d'une cause, n'aurait pas pu ne pas avoir lieu.

La philosophie de l'histoire se propose justement d'élaborer un concept rationnel de l'histoire. Elle construit une représentation systématique qui organise le développement des actions humaines à partir d'un état final positif, voire un idéal. L'histoire humaine est ainsi censée être *une* histoire, ayant une unité, un sens et un sujet, l'humanité. Au fur et à mesure de la succession des générations et des époques, un progrès matériel et moral se réalise. Dans une telle compréhension globale, la conscience des acteurs individuels, leurs motivations, leurs buts ne sont pas les éléments réels et décisifs du cours des sociétés humaines. Une histoire universelle se déploie à travers eux dont ils sont les matériaux et les instruments. Personne ne "fait" l'histoire.

■ La fin d'une conception déterminée de l'histoire

Devant les événements effroyables qui se produisent au XXe siècle, la philosophie de l'histoire n'est moralement plus tenable. Il n'est plus possible de croire à un quelconque progrès humain ou à un développement rationnel de l'histoire devant la succession de catastrophes qui donnent à l'époque contemporaine son terrible visage. Raymond Aron (1905-1983) critique ainsi la conception unitaire ou totalisante de l'histoire : « Le jour où les deux valeurs sur lesquelles se fondait la confiance du XIXe siècle, la science positive et la démocratie, c'est-à-dire au fond le rationalisme, ont perdu leur prestige et leur autorité », écrit-il, la conception de l'histoire a radicalement changé : « L'Histoire n'a pas de but, puisque l'homme n'a pas de destination et que, toujours semblable à lui-même, il crée vainement des œuvres éphémères » (*Introduction à la philosophie de l'histoire*, 1938).

L'histoire humaine doit donc dorénavant être comprise sous le signe de la multiplicité éparpillée plutôt que de l'unité totalisante, de l'ouverture et de la possibilité plutôt que de la réalisation d'une finalité. Une telle compréhension accorde à l'action une importance politique nouvelle. En libérant l'histoire de toute finalité, la vie politique s'émancipe de toute transcendance. Autrement dit, la cité n'est pas l'élément d'une nature harmonieuse, ni la réalisation d'un plan divin, ni enfin le stade d'une histoire rationnelle. La philosophie politique contemporaine part de ces acquis pour penser la réalité du domaine politique.

Vous avez dit « transcendance et politique » ?

La politique a une source transcendante lorsque les lois qui organisent la vie commune, assurent la justice et déterminent éventuellement la finalité de l'existence (qu'est-ce qu'une vie humaine bonne et digne ?) se fondent sur la connaissance d'un ordre naturel du monde ou sur des textes religieux sacrés. Dans les deux cas, *le fait de la politique* – qui suppose que ce sont bien les hommes qui règlent leur être-ensemble selon des institutions qu'ils fondent eux-mêmes – est occulté. *L'autonomie de la politique* est un trait de la modernité – déjà aperçu par Machiavel. Le sens et le mode de la vie commune dépendent uniquement des hommes qui se rassemblent pour en délibérer. Pour le dire autrement, à l'époque moderne, les hommes découvrent que le monde ou l'univers sont indifférents au devenir humain. Selon les mots de Max Weber, les progrès de la connaissance et de la raison ont désenchanté le monde, le vidant de tout sacré et de tout surnaturel : « Partout où la connaissance empirique rationnelle a réalisé de façon systématique le désenchantement du monde et sa transformation en un mécanisme causal, la tension par rapport aux prétentions du postulat éthique selon lequel le monde serait un cosmos ordonné par Dieu, donc orienté d'une manière éthiquement significative, est apparue » (*Textes sur la religion*).

Limites et renouvellement de la pensée marxiste

■ Althusser : le projet d'une science de l'histoire

L'œuvre de Marx est-elle d'actualité ? Louis Althusser (1918-1990), philosophe marxiste et partisan engagé au Parti communiste français, le soutient. Il étudie avec Bachelard et enseignera à l'École normale supérieure, rue d'Ulm à Paris. Althusser s'engage dans une lecture scientifique de Marx. Citons *Pour Marx* (1965), *Lire le Capital* (1965) et *L'avenir dure longtemps* (autobiographie écrite après le meurtre de sa femme et son internement psychiatrique). Il a contribué à développer l'incidence de la pensée marxiste dans la philosophie politique française.

Althusser propose d'articuler l'œuvre de Marx en deux périodes que séparent une coupure épistémologique. Après une première période humaniste, Marx deviendrait enfin scientifique en 1847 avec la publication du *Capital*. Althusser emprunte également au structuralisme (voir chapitre 12), l'idée que la structure prime sur la conscience des individus concrets. Autrement dit, la compréhension de la vie sociale et politique requiert de saisir la structure qui l'anime. Or cette structure, selon *Le Capital*, est essentiellement économique. Ce sont les rapports qu'entretiennent les travailleurs aux moyens de production. D'autre part la lutte des classes détermine le mouvement de l'histoire. À contre-courant des lectures habituelles qui sont faites de Marx, Althusser insiste sur le caractère scientifique du *Capital*. Être marxiste, c'est chercher à comprendre les structures sociales et économiques qui déterminent le mouvement de l'histoire, afin de pouvoir les modifier.

Cette structure économique est recouverte par l'idéologie.

« *Une idéologie est un système (possédant sa logique et sa rigueur propres) de représentations (images, mythes, idées ou concepts selon le cas) doué d'une existence et d'un rôle historique au sein d'une société donnée. L'idéologie comme système de représentation se distingue de la science en ce que sa fonction pratico-sociale l'emporte en elle sur la fonction théorique (ou fonction de connaissance).* »

Althusser, *Pour Marx*

Autrement dit l'idéologie est une compréhension erronée de la vie sociale. Elle est une pensée dogmatique (sans justification rationnelle de type scientifique) qui s'ignore comme idéologie. Elle est un rapport imaginaire des individus à leur vie sociale réelle.

Une telle lecture de l'œuvre de Marx reste marquée par le projet d'une science de l'histoire, d'une compréhension des événements politiques à partir d'une causalité matérielle (économique) et selon une dialectique (la lutte des classes) qui, précisément, oblitère la dimension strictement politique des phénomènes à expliquer. Elle échoue notamment à comprendre la spécificité des régimes totalitaires. Il faut sans doute se tourner vers des œuvres comme celles de Cornélius Castoriadis (1922-1997 ; *L'Institution imaginaire de la société*, 1975), de Claude Lefort (né en 1924 ; *L'Invention démocratique*, 1981 ; *Essais sur le politique*, 1986) ou Étienne Balibar (né en 1942) qui pensent "après" le marxisme la possibilité de l'émancipation politique à partir de la démocratie.

■ L'École de Francfort : la théorie d'une nouvelle émancipation politique

La critique de la philosophie de l'histoire diminua le courant marxiste sans l'éteindre. Il reste vivace pendant tout le XXe siècle sous des formes très différentes. Ainsi, l'École de Francfort propose un marxisme non dogmatique qui vise à comprendre la domination politique autoritaire en vue de penser l'émancipation des individus.

Fondée par Theodor Adorno (1903-1969. *Éclipse de la raison*, 1947) et Max Horkheimer (1895-1973), l'École de Francfort a réuni des auteurs comme Walter Benjamin (1892-1940. *L'œuvre d'art à l'époque de sa reproductibilité technique*, 1936 ; *Thèses sur le concept d'histoire*, 1939) et Herbert Marcuse (1898-1979. *L'Homme unidimensionnel*, 1964 ; *Éros et Civilisation*, 1968) de 1920 aux années 1970. L'Institut de recherches sociales fut créé en 1923. Après la disparition de ses deux fondateurs, Habermas ou Axel Honneth (né en 1949. *La Société du mépris*, 2006) proposeront des développements inédits. L'originalité de cet institut de recherche se situe dans sa pluridisciplinarité (convoquant la philosophie et la sociologie) et l'orientation politique marxiste assumée.

Horkheimer propose ainsi une théorie critique de la société qu'il oppose à la théorie traditionnelle (Horkheimer, *Théorie traditionnelle et théorie critique*, 1937), qui n'interroge pas son inscription sociale et présente ses résultats comme désintéressés et neutres, comme des vérités objectives qui sont en fait commandées de l'extérieur par des intérêts et la position sociale du savant. Dans une telle théorie idéaliste, la raison se laisse instrumentaliser. La théorie critique a pour but de redresser cette raison instrumentale et de proposer une analyse de la société capitaliste clairement ordonnée à un projet d'une émancipation politique.

Mais les années quarante ébranlent cette confiance politique dans la raison. Selon la célèbre formule d'Adorno, il faut dorénavant « penser et agir en sorte que Auschwitz ne se répète pas, que rien de semblable n'arrive » (Adorno et Horkheimer, *Dialectique négative*, 1966), et intégrer le fait que le projet d'une rationalisation de la société accomplie à partir de Marx ait pu se retourner, dans le stalinisme, en un régime totalitaire, et que la culture des Lumières se soit transformée en barbarie. La raison et la culture occidentales sont ainsi directement incriminées : « Auschwitz a prouvé de façon irréfutable l'échec de la culture » (*ibidem*).

> « *L'Aufklärung, au sens le plus large de pensée en progrès, a eu pour but de libérer les hommes de la peur et de les rendre souverains. Mais la terre, entièrement "éclairée" resplendit sous le signe de calamités triomphant partout.* »
>
> **Adorno et Horkheimer, *Dialectique de la raison***

Il ne peut plus s'agir de corriger la raison mais de reconnaître la possibilité qu'elle recèle de se mettre au service de la déraison politique – idéologie, mythes – qui peut mobiliser les moyens de la rationalité technique pour organiser le meurtre de masse.

De la condition du travailleur au salut religieux

Simone Weil (1909-1943) est l'auteur d'une œuvre originale caractérisée par son engagement militant et son expérience spirituelle. Elle analyse notamment l'aliénation du travailleur dans les conditions capitalistes de production qui se surajoute à la servitude naturelle qu'est le travail. « Il y a dans le travail des mains et en général dans le travail d'exécution, qui est le travail proprement dit, un élément irréductible de servitude que même une parfaite équité sociale n'effacerait pas », écrit-elle dans *La Condition ouvrière*.

Dans le prolongement de cette réflexion sur le malheur de la condition humaine, Weil propose une pensée du salut religieux.

Penser l'émancipation du colonialisme

Césaire : colonisation et décivilisation

Aimé Césaire (1913-2008) développe – avec Léopold Sédar Senghor (1906-2001) – le concept de négritude destiné à fournir les moyens théoriques de penser l'identité noire et l'émancipation des sociétés coloniales et racistes. Penser l'émancipation de ceux qui, anciens esclaves, anciens colons, n'ont pas encore su penser leur spécificité :

« Ma bouche sera la bouche des malheurs qui n'ont point de bouche, ma voix, la liberté de celles qui s'affaissent au cachot du désespoir. »

Césaire, *Cahier d'un retour au pays natal*

« Colonisation et civilisation ? la malédiction la plus commune en cette matière est d'être la dupe de bonne foi d'une hypocrisie collective, habile à mal poser les problèmes pour mieux légitimer les odieuses solutions qu'on leur apporte. »

Césaire, *Discours sur le colonialisme*

Ce critique radical de la colonisation remet en cause la définition de la colonisation comme une entreprise philanthropique et civilisatrice. Cette justification idéologique doit être remise à l'endroit. La colonisation est d'abord une « chosification » du colonisé et une « décivilisation » du colonisateur. La colonisation est un abrutissement mutuel :

« Entre colonisateur et colonisé, il n'y a de place que pour la corvée, l'intimidation, la pression, la police, l'impôt, le viol, les cultures obligatoires, le mépris, la méfiance, la morgue, la suffisance, la muflerie, des élites décérébrées, des masses avilies. »

Césaire, *Discours sur le colonialisme*

L'œuvre de Césaire se trouve reprise et continuée, notamment, dans la réflexion du poète martiniquais Édouard Glissant (né en 1928) notamment dans son *Discours antillais* (1981).

■ Fanon : la violence totale de la colonisation

D'origine martiniquaise, Fanon (1925-1961) eut un parcours original. Il s'engage dans la Second Guerre mondiale en France puis, après des études, il se rend en Algérie pour exercer la psychiatrie. Il commence alors une œuvre de résistance au colonialisme. *Peaux noires, masques blancs* (1952), *Les Damnés de la terre* (préfacé par Sartre en 1961). La lutte contre le colonialisme ne peut se passer de la violence :

> « *La décolonisation est toujours un phénomène violent.* »
>
> **Fanon, *Les Damnés de la terre***

La violence de la colonisation n'est pas seulement celle, physique et brutale, de l'occupation et l'appropriation des terres, des biens et des corps, mais aussi celle, psychique et intériorisée – son métier de psychiatre lui permet de prendre conscience des affections qu'elle provoque chez les colonisés –, faite à l'identité du colonisé.

> « *Chaque fois qu'un homme a fait triompher la dignité de l'esprit, chaque fois qu'un homme a dit non à une tentative d'asservissement de son semblable, je me suis senti solidaire de son acte.* »
>
> **Fanon, *Les Damnés de la terre***

Arendt : la définition du totalitarisme

L'œuvre de Hannah Arendt (1926-1975), essentiellement orientée vers les phénomènes politiques, propose une description phénoménologique de l'existence humaine (*La Condition de l'homme moderne*, 1958) qui partage les postulats de la philosophie existentielle. Selon elle, l'existence est essentiellement active ; elle se déploie notamment selon trois grandes activités majeures : le travail, qui consiste à affronter la nécessité vitale et à demeurer en vie ; l'œuvre, par laquelle nous produisons des objets durables qui constituent le monde artificiel dans lequel nous vivons ; l'action. Cette dernière donne lieu à une analyse profondément originale. L'action ne consiste pas à "faire" ou à réaliser un but, mais à vivre « l'expérience prodigieuse des possibilités de vie entre égaux » (*Qu'est-ce que la politique ?*), c'est-à-dire à vivre avec les autres, dans un espace

© Groupe Eyrolles

public, selon l'égalité et la distinction. C'est un tel espace politique que les révolutions ouvrent et que les régimes totalitaires détruisent. L'œuvre d'Arendt renouvelle également la réflexion morale (voir chapitre 10).

■ L'émergence d'un concept nouveau

Jusque dans les années trente, le terme de « fascisme » désignait une même famille de régimes autoritaires (italien, allemand, etc.). Les républicains et les démocrates qui luttaient contre ces régimes se rangeaient sous la bannière de l'antifascisme. L'accord entre l'URSS et le régime nazi de Hitler rapprochait le communisme du fascisme. La nouveauté effroyable des régimes hitlérien et stalinien requiert un renouvellement de la réflexion politique. On doit essentiellement à Hannah Arendt la mise au point conceptuelle de la notion de totalitarisme dans un ouvrage qui fit date : *Les Origines du totalitarisme* (1951).

Les régimes stalinien et hitlérien sont-ils comparables à des tyrannies classiques précédemment identifiées par la théorie politique ? Peut-on, par exemple, mobiliser la pensée de Tocqueville ou de Montesquieu et leurs concepts de despotisme pour comprendre l'évolution des régimes fascistes pendant la Seconde Guerre mondiale ? Arendt n'en croit rien et défend au contraire l'idée que chaque événement d'importance vient bouleverser l'ordre de la pensée et exige d'elle une reprise complète de ses catégories. À partir des éléments qui se cristalliseront dans la domination totalitaire – à savoir l'impérialisme et l'antisémitisme –, Arendt est conduite à identifier l'État totalitaire :

« *Jusqu'à présent nous ne connaissons que deux formes authentiques de domination totalitaire : la dictature du national-socialisme après 1938, et celle du bolchevisme depuis 1930. Ces formes de domination diffèrent fondamentalement de toutes les autres sortes de pouvoir dictatorial, despotique ou tyrannique en ce qu'ils sont essentiellement totalitaires [...] ils sont nouveaux.* »

Arendt, *Les Origines du totalitarisme*

Les caractéristiques du totalitarisme

La loi totalitaire

Le régime totalitaire se différencie de la tyrannie et de la république. Au contraire de la tyrannie qui suspend la loi et livre les citoyens à l'arbitraire d'un pouvoir autocratique, le régime totalitaire institue des lois nouvelles. Mais la loi totalitaire ne ressemble pas à la loi des régimes républicains ou constitutionnels. Le régime totalitaire ne se caractérise pas non plus par l'absence de loi des régimes tyranniques. La loi totalitaire est inédite et extraordinaire.

Son ambition exorbitante est de réaliser les lois de la nature, à travers l'idéologie du racisme pour le régime nazi, ou de l'histoire, dans le cas de l'idéologie de la lutte des classes du régime stalinien. Les lois de ces deux régimes prétendent à une « légitimité totalitaire » (*Les Origines du totalitarisme*) tout à fait particulière pour trois raisons principales. Premièrement, elles sont au-dessus de toute loi positive ; deuxièmement, elles prennent l'espèce humaine comme objet de leur législation, et non le caractère individuel et singulier des situations qu'une loi ordinaire règle ; enfin, troisièmement, les lois totalitaires sont des lois du mouvement. Dans l'affirmation de leur autorité absolue, les lois totalitaires ont une « prétention monstrueuse » (*ibidem*) : celle de justifier idéologiquement la terreur.

La terreur

La terreur est un phénomène politique rare – même s'il y a d'autres occurrences comme la Terreur, en 1793 ou la question contemporaine du terrorisme –, caractéristique des régimes totalitaires. Arendt définit ainsi la terreur : elle est « la réalisation d'une loi du mouvement, dont la fin ultime n'est ni le bien-être des hommes ni l'intérêt d'un seul homme mais la fabrication du genre humain » (*Les Origines du totalitarisme).*

Par conséquent, la terreur n'est ni la loi républicaine, qui vise le bien commun, ni la loi d'un régime autocratique, qui vise la domination tyrannique de celui qui concentre le pouvoir dans ses mains. Au détriment de toute situation humaine singulière, la loi totalitaire applique à l'espèce humaine la nécessité absolue des lois de la nature ou de l'histoire, nécessité qu'elle prétend scientifiquement connaître, et ce faisant sacrifie les "parties" au profit du "tout" – nécessité absolue qui s'impose à tous et exige le crime. Quand la légalité se charge de réaliser le devenir historique ou naturel de l'espèce humaine, elle devient terreur et détruit non seulement toutes les libertés civiles mais également la spontanéité humaine la plus fondamentale, la source même de la liberté.

L'idéologie

Le totalitarisme nous révèle la puissance nouvelle du phénomène de l'idéologie dans le domaine politique. Nombreux sont les penseurs du XXᵉ siècle qui tentent d'en analyser les différents aspects. Pour Arendt, le propre d'une idéologie est d'être un discours logique – la logique d'une idée – qui s'émancipe et protège de la réalité. L'idéologie « procède avec une cohérence qui n'existe nulle part dans le domaine de la réalité » (Les Origines du totalitarisme) et, cependant, elle prétend tout expliquer. Ainsi le régime nazi admit la destruction d'êtres humains innocents comme conséquence "logique" des prémices de son idéologie raciste. La cohérence logique d'une idéologie est inapte à rendre compte de la réalité toujours nouvelle et inattendue.

La désolation de l'individu et les camps

Le propre des régimes totalitaires est cette association de la terreur et de l'idéologie qui détruit radicalement toute possibilité d'existence d'un monde commun entre les individus, toute possibilité d'un espace public pour les citoyens, effaçant même les conditions existentielles de l'humanité. L'individu, sous le régime totalitaire, est fondamentalement désolé, séparé des autres et rendu impuissant par le mouvement de la terreur et de l'idéologie.

Dès lors, pour Arendt, les camps d'extermination ne sont pas "extérieurs" à l'essence du régime. Ils en sont un aspect fondamental. Ils manifestent un processus de destruction de la personnalité juridique des victimes (mises hors-la-loi) qui, rappelons-le, ne subissent pas une peine en raison d'une transgression du droit pénal puisqu'elles sont innocentes ; puis de destruction des droits de l'homme ; enfin de la personne morale elle-même.

« En réalité, l'expérience des camps de concentration montre bien que des êtres humains peuvent être transformés en des spécimens de l'animal humain et que la "nature" de l'homme n'est "humaine" que dans la mesure où elle ouvre à l'homme la possibilité de devenir quelque chose de non-naturel par excellence, à savoir un homme. »

Arendt, *Les Origines du totalitarisme*

La destruction de l'humanité est totale sous le régime de la terreur totalitaire (voir chapitre 10).

■ La dénonciation du totalitarisme

Chacun à leur manière, George Orwell (1903-1950) et Victor Klemperer (1881-1960) développent une réflexion sur les logiques du totalitarisme et les moyens mis en œuvre pour couvrir tous les horizons de l'existence humaine.

Le témoignage de Victor Klemperer, universitaire juif, écrivain et philologue allemand, confirme l'importance qu'Orwell accorde au jugement individuel et au langage. Dès l'arrivée de Hitler au pouvoir en 1933, et jusqu'en 1945, Klemperer a tenu un journal (*LTI, la langue du IIIe Reich. Carnets d'un philologue*, 1947) dans lequel il s'est attaché à décrypter la terminologie utilisée dans la propagande hitlérienne, cette langue du IIIe Reich (LTI pour *Lingua Tertii Imperri*) qui fut l'ossature de l'idéologie raciste nazie.

« Le nazisme s'insinua dans la chair et le sang du grand nombre à travers des expression isolées, des tournures, des formes syntaxiques qui s'imposaient à des millions d'exemplaires et qui furent adoptées de façon mécanique et inconsciente. »

Klemperer, *LTI, La langue du IIIe Reich*

Cette attention politique aux mots permet de comprendre concrètement l'occultation idéologique de la réalité pour organiser la terreur.

Georges Orwell est l'auteur de *La Ferme des animaux* (1945) et surtout de *1984* (1949), satire romancée du totalitarisme. Non seulement Orwell propose une dénonciation du totalitarisme, mais il offre également une réflexion sur ses mécanismes de destruction de l'autonomie de la personne par un contrôle idéologique de la langue et de la mémoire. À travers l'histoire de Winston Smith, il décrit le monde totalitaire : surveillance généralisée d'un parti unique, sous la figure tutélaire de Big Brother et du « télécran », qui permet à la police de la pensée de diffuser une propagande continuelle tout en contrôlant les faits et gestes de tous ; abolition du domaine privé comme des libertés politiques et civiles fondamentales ; enfin omniprésence de la peur et de la guerre. Le régime détruit toute singularité pour constituer un corps politique parfaitement homogène et docile. Ainsi l'œuvre d'Orwell n'est pas une fiction anecdotique mais une réflexion sur les conditions de l'instauration du totalitarisme.

Rawls : la question de la justice

L'œuvre de John Rawls (né en 1921), qui s'élabore plus tardivement (*Théorie de la justice*, 1971) que la philosophie politique d'obédience marxiste d'après-guerre, concourra à relancer la philosophie politique dans le monde anglo-saxon. Prenant acte de la fin du marxisme et de la promotion du régime démocrate et libéral, il défend une version égalitariste du libéralisme, une sorte de synthèse entre les acquis du libéralisme et ceux du socialisme.

■ "Droits-liberté" et "droits sociaux"

Pendant les révolutions libérales des XVIIe-XVIIIe siècle, le libéralisme politique (à différencier du libéralisme économique qui consiste à limiter l'intervention de l'État dans les échanges économiques) a défendu un ensemble de "droits-libertés" contre l'arbitraire d'un pouvoir que n'encadre aucun droit. Ces droits, accordés également à tous, signifient que les institutions de l'État garantissent un certain nombre de possibilités pour l'individu : liberté de pensée, de réunion, de propriété, de culte, du commerce, etc. Nous savons que l'essentiel de ces droits fournissent la matière à la Déclaration universelle des droits de l'homme adoptée par l'ONU en 1948.

Vous avez dit « droits de l'homme » ?

Les droits de l'homme ont une histoire. Il en existe plusieurs formulations différentes. Citons la Déclaration d'indépendance de la révolution américaine (1776), la Déclaration des droits de l'homme et du citoyen de 1789 – à laquelle répond la Déclaration des droits de la femme et de la citoyenne d'Olympe de Gouges (1791), la Déclaration universelle adoptée par l'ONU en 1948 et la Déclaration des droits de l'enfant (1959).

La tradition socialiste a critiqué le caractère abstrait de tels droits. En effet, que valent-ils si ma position sociale et ma vie matérielle m'empêchent d'en jouir effectivement ? Que vaut la liberté de pensée, si je n'ai pas accès aux institutions scolaires et culturelles qui me permettraient d'avoir avec d'autres une éducation et une vie intellectuelle ? Cette critique déboucha sur la formulation d'une nouvelle famille de droits, les "droits sociaux" : le droit au travail, à la sécurité matérielle et sociale, un droit au repos, à l'instruction, etc. Ici, l'État ne doit plus seulement respecter la sphère privée, mais au contraire intervenir par la loi pour égaliser les conditions sociales d'existence au nom de l'égalité et donc de la justice. La tradition de l'État-providence (*Welfare State*) y trouve son origine.

Vous avez dit « démocratie », « démocratisation » et « société démocratique » ?

La démocratie (du grec *démos*, le peuple, et *cratein*, gouverner) désignait à l'origine une forme de régime où le pouvoir n'était possédé ni par un seul (royauté, tyrannie), ni par plusieurs (aristocratie, oligarchie) mais par tous les citoyens d'une cité (ce qui représentait en fait une minorité : les habitants d'une cité ne sont pas tous des citoyens). Tocqueville est l'un des penseurs qui, à partir d'une analyse des conséquences de la révolution en Amérique (1776), mit au jour le *fait démocratique*. Autrement dit, les sociétés modernes dites "démocratiques" ne le sont pas seulement parce que le pouvoir d'élire les représentants du peuple appartient à (presque) tous les citoyens (il a fallu attendre longtemps pour que le suffrage "universel" accueille les citoyennes), mais aussi par le processus de démocratisation qui anime la vie sociale de part en part. "Démocratisation" ne signifie pas ici l'accès d'une partie toujours plus élargie de la société à la culture, mais le fait que les sociétés démocratiques s'accompagnent d'un imaginaire et de valeurs tournant essentiellement autour de l'individualisme. Les sociétés démocratiques recomposent en effet tous les rapports sociaux, familiaux, affectifs, hiérarchiques à partir de l'idée d'une absolue égalité entre les individus considérés comme des êtres autonomes. Elles sont animées par la dynamique d'une égalisation des conditions, porteuse de valeurs individualistes.

La justice, par la revendication de droits, est ainsi au centre des luttes politiques comme des débats théoriques. Le XXe siècle a vu l'émergence de nouveaux droits qui restaurent les sujets politiques dans une dignité et une position enfin reconnue : la lutte féminine pour un suffrage réellement universel et l'égalité des droits, la lutte pour les droits civiques pour tous dans l'Amérique des années 1960, etc. Le problème de la justice se pose dans le contexte d'une société démocratique et pluraliste. En effet, dans une société qu'on dira traditionnelle, l'ordre social "juste" se fonde sur une tradition respectée et une autorité reconnue par tous comme légitime. Les sociétés modernes au contraire se caractérisent par l'absence d'un tel fondement traditionnel ou naturel à leur ordre social. Ordonnées autour de la liberté individuelle et du pluralisme des valeurs, des cultures et des revendications, elles doivent repenser leur être-ensemble.

Vous avez dit « pluralisme » ?

La théorie américaine du *Melting Pot* émerge dans les années 1960 : dans le sens d'une intégration républicaine, telle que nous pouvons la connaître en France, elle propose de former les citoyens aux horizons hétérogènes (car les immigrants ont diverses origines) autour de principes et de valeurs communes et d'exiger d'eux qu'ils abandonnent leurs héritages culturels différents en vue de constituer l'unité nécessaire à la nation. Cette conception a été dénoncée à partir des années 1970 comme une "homogénéisation" favorisant les Blancs anglo-saxons tandis que la population noire était l'objet d'une ségrégation sociale virulente. Dès lors, il semblait légitime de promouvoir une politique pluraliste permettant aux citoyens de conserver leurs traditions et leurs cultures. Il fallut alors prendre la mesure de toutes les modifications qu'impose à l'ordre politique commun la coexistence de valeurs, d'opinions et de cultures diverses et pluralistes.

Justice et égalité

Le refus de l'égalitarisme

Le pluralisme moderne implique que la question « qu'est-ce que la justice ? » puisse recevoir des réponses diverses, incompatibles entre elles. En un premier sens, est juste une répartition strictement équitable des biens : chacun recevrait la même chose. Cet égalitarisme strict, qui corrigerait absolument les inégalités naturelles, sociales et historiques, ne pourrait être imposé que par l'État et obligerait à sacrifier la liberté individuelle. Or la liberté d'un individu ne peut être sacrifiée au profit d'un autre.

Ce point engage le débat qui a lieu entre la théorie libérale de la justice de Rawls et l'utilitarisme. Les utilitaristes (comme J.S. Mill, 1806-1873, ou H. Sidgwick, 1838-1900 – voir chapitre 9) considèrent qu'une distribution des biens est juste, si elle maximise la satisfaction globale de la société. Il est donc possible qu'une distribution qui profiterait à une majorité mais laisserait certains souffrir le dénuement ou l'injustice soit légitime.

Les limites d'une justice distributive

Il existe cependant une autre forme de justice traditionnellement nommée justice distributive. Elle consiste à donner des parts inégales aux individus. Ainsi, de manière apparemment paradoxale, il est juste que les biens soient inégalement distribués. Selon une formule canonique du IIIe siècle, la justice consiste à « attribuer à chacun le sien ».

C'est par exemple ce qui fonde la conception de la justice reposant sur le mérite. On peut ainsi proposer qu'il est juste que chaque reçoive des parts différentes selon ses talents et aptitudes. Rawls critique cette conception considérant que les talents et les capacités de chacun relèvent d'une "distribution" naturelle inégale. Au nom de quoi mériterions-nous les qualités et les talents innés qui nous distinguent ? Les inégalités sociales et naturelles sont moralement injustifiées.

Pour une inégalité juste : le voile d'ignorance

Pour éviter de nous entendre sur une conception positive de la justice et de la vie heureuse, Rawls propose de s'entendre sur une procédure au terme de laquelle nous tomberions d'accord pour affirmer ensemble que la justice sociale doit être ainsi et non autrement. Il développe une théorie procédurale de la justice. Le « voile d'ignorance » est le nom donné à cette procédure où chacun, ignorant la position sociale qu'il occupera, doit pourtant décider avec d'autres des principes de la justice sociale. Rawls considère qu'une telle procédure aboutira à un résultat juste parce qu'elle est elle-même équitable.

Rawls peut conclure qu'est juste une société fondée sur les principes fondamentaux suivants :

« *Chaque personne doit avoir un droit égal au système le plus étendu de libertés de base égale pour tous, compatible avec le même système pour les autres.* »

Rawls, *Théorie de la justice*

Ce premier principe décrit une société où tous ont un droit égal aux droits-libertés fondamentales qui respectent la dignité humaine.

« *Les inégalités sociales et économiques doivent être organisées de façon à ce que, à la fois, on puisse raisonnablement s'attendre à ce qu'elles soient à l'avantage de chacun, et à ce qu'elles soient attachées à des positions et des fonctions ouvertes à tous.* »

Rawls, *Théorie de la justice*

Une société qui n'éliminerait pas les inégalités, mais qui n'accepterait celles qui sont attachées à des positions sociales ouvertes à tous. Les inégalités ne doivent pas aggraver la situation des plus défavorisés : « Les biens doivent être distribués de façon égalitaire sauf si une distribution inégale de ces mêmes biens profite aux plus défavorisés » (*Théorie de la justice*, §46).

« L'injustice est alors simplement constituée par les inégalités qui ne bénéficient pas à tous. »

Rawls, *Théorie de la justice*

Vous avez dit « féminisme » ?

Comme le dit ironiquement le slogan : « Le féminisme est une théorie extrémiste qui consiste à considérer les femmes comme des êtres humains »... La discussion sur la justice et l'égalité des sociétés libérales et démocratiques rencontre la question de la différence sexuelle. La citoyenneté moderne se pose institutionnellement comme universelle. Cela s'exprime juridiquement par le fait que l'individu est un sujet de droit, qu'il dispose à ce titre de droits civils, religieux, sociaux et économiques strictement égaux aux droits des autres. Dans ce cadre d'une telle égalité formelle, la différence sexuelle devient insignifiante.

Or, c'est un fait que les inégalités entre les hommes et les femmes persistent ; les droits des femmes restent inégalement pris en compte au nom d'un sujet citoyen abstrait qui oblitère les conditions réelles et concrètes de l'existence. Les théories politiques féministes (Will Kymlicka, *Les Théories de la justice*, 1999) mettent en débat cette contradiction. En France, *Le Deuxième Sexe* (1947) de Simone de Beauvoir reste un ouvrage de référence.

Bibliographie

Découvrir les auteurs

Alain, *Mars ou la guerre jugée*, Gallimard, 1995.
Hannah ARENDT, *La Crise de la culture*, Gallimard, 1989.
Hannah ARENDT, *Les Origines du totalitarisme*, Gallimard/Quarto, 2001.
Raymond ARON, *Démocratie et totalitarisme*, Gallimard, 1987.
Cornélius CASTORIADIS, *L'Institution imaginaire de la société*, Points/Essais, 1999.
Frantz FANON, *Les Damnés de la terre*, La Découverte 2004.
Jürgen HABERMAS et John RAWLS, *Débat sur la justice*, Cerf, 2005.
Jürgen HABERMAS, *Théorie de l'agir communicationnel*, Fayard, 1987.
Max HORKHEIMER et Theodor ADORNO, *Éclipse de la raison*, Gallimard, 1999.
Claude LEFORT, *L'Invention démocratique*, Fayard, 1994.
John RAWLS, *Théorie de la justice*, Points/Essais, 1997.
Simone WEIL, *Œuvres*, Gallimard, Quarto, 1999.

Lire des études pour approfondir

Étienne BALIBAR, *La Philosophie de Marx*, La Découverte, 2001.
Magali BESSONE, *La Justice. Textes choisis*, GF/Corpus, 2000.
Michèle RIOT-SARCEY, *Histoire du féminisme*, La Découverte, 2008.
Christian RUBY, *Introduction à la philosophie politique*, La Découverte, 1996.

« La philosophie politique au miroir de l'histoire » en questions

Qui l'a dit ?

Saurez-vous retrouver dans la liste proposée les auteurs des citations suivantes ?

1. « En réalité, l'expérience des camps de concentration montre bien que des êtres humains peuvent être transformés en des spécimens de l'animal humain et que la "nature" de l'homme n'est "humaine" que dans la mesure où elle ouvre à l'homme la possibilité de devenir quelque chose de non-naturel par excellence, à savoir un homme. »

2. « Mon but est de présenter une conception de la justice qui généralise et porte à un plus haut niveau d'abstraction la théorie bien connue du contrat social [...]. Pour cela, nous ne devons pas penser que le contrat originel soit conçu pour nous engager à entrer dans une société particulière ou pour établir une forme particulière de gouvernement. L'idée qui nous guidera est plutôt que les principes de la justice valables pour la structure de base de la société sont l'objet d'un accord originel. Ce sont les principes mêmes que des personnes libres et rationnelles, désireuses de favoriser leurs propres intérêts, et placées dans une position initiale d'égalité, accepteraient et qui, selon elles, définiraient les termes fondamentaux de leur association. Ces principes doivent servir de règle pour tous les accords ultérieurs ; ils spécifient les formes de coopération sociale dans lesquelles on peut s'engager et les formes de gouvernement qui peuvent être établies. C'est cette façon de considérer les principes de la justice que j'appellerai la théorie de la justice comme équité. »

3. « L'Histoire n'a pas de but, puisque l'homme n'a pas de destination et que, toujours semblable à lui-même, il crée vainement des œuvres éphémères. »

4. « [...]L'existentialisme est un humanisme penser et agir en sorte que Auschwitz ne se répète pas, que rien de semblable n'arrive. »

Auteurs :

A. Adorno

B. Rawls

C. Aron

D. Fanon

E. Arendt

QCM

1. La philosophie politique contemporaine s'intéresse...

A. aux questions éternelles du vivre-ensemble.

B. à la *polis*.

C. aux événements historiques du xxe siècle.

D. aux hommes politiques.

2. Le concept de totalitarisme...

A. décrit une nouvelle forme de tyrannie politique.

B. est un synonyme de "dictature".

C. est un vieux concept de la philosophie politique.

D. est synonyme d'"État total".

3. Les "droits sociaux" sont...

A. accordés à tous.

B. les droits de la société.

C. des droits qui visent à corriger les inégalités sociales.

D. des droits qui veulent supprimer l'inégalité sociale.

4. La démocratie est...

A. un phénomène social.

B. un type de société.

C. une utopie.

D. un régime politique.

5. La justice distributive consiste à distribuer...

A. des parts égales à tous.

B. des parts égales à quelques-uns.

C. des parts inégales à tous.

D. des parts inégales à quelques-uns.

Réponses en page 197.

Chapitre 12

■ ■ ■

La philosophie en France au XXᵉ siècle

Les philosophes français interrogent au XXᵉ siècle les mêmes événements – guerres mondiales, génocides, révolutions, mondialisation – que les philosophes étrangers, les mêmes grands courants philosophiques du siècle – philosophie analytique, phénoménologie, épistémologie, existentielle – et les mêmes bouleversements du savoir contemporain traversent leurs interrogations – logique, physique, biologie, sciences humaines. Ces éléments se cristallisent cependant dans des pensées singulières qui s'agencent en des débats particuliers et donnent lieu à une histoire originale.

Avant d'entrer dans le vif du sujet, rappelons que l'évolution et le développement du paysage philosophique d'un pays, qui vit de l'extinction et de l'apparition de problématiques nouvelles, dépendent en partie des traductions des œuvres majeures de la philosophie contemporaine qui s'écrit en langue étrangère, anglaise ou allemande, par exemple. Ces traductions conditionnent l'ouverture de la philosophie française à telle problématique ou tel courant philosophique. Lorsque Ricœur et Lévinas traduisirent Husserl, ils permirent à la pensée française de dialoguer avec la phénoménologie. Des retards peuvent expliquer que certaines problématiques majeures paraissent temporairement négligées en France. À titre d'exemple, il a fallu attendre 2002 pour disposer de la traduction de l'ouvrage majeur de

Günther Anders, *L'Obsolescence de l'homme*, publié en 1956 en Allemagne ; l'œuvre de Hannah Arendt n'aura été pleinement reconnue en France qu'à partir des années 1990 ; la philosophie analytique fut longtemps négligée. Ainsi, la pensée française, nourrie à la lecture d'auteurs étrangers, se développe selon un rythme singulier. Ces dialogues, noués au fil du temps, permettent de rendre compte de la philosophie écrite en langue français à notre époque.

Un panorama chronologique

• Début du siècle : la prédominance de l'épistémologie
Schématiquement, la philosophie française commence par des pensées qui continuent de faire vivre l'héritage du XIXᵉ siècle – le spiritualisme de Jules Lagneau (1851-1894) ou de Léon Brunschvicg (1869-1944), la philosophie d'Alain (pseudonyme d'Émile Chartier, 1868-1951). L'importance de l'œuvre de Bachelard pendant l'entre-deux-guerres (voir chapitre 2) marqua l'épistémologie française dans le sens d'une épistémologie historique des sciences (Georges Canguilhem 1904-1995, Jean Cavaillès, 1903-1944, François Dagognet, né en 1924). Henri Bergson (1859-1941) écrit une philosophie de la vie originale.

• L'après-guerre : phénoménologie et existentialisme
La Seconde Guerre mondiale bouleversa le paysage. La découverte de la phénoménologie est l'impulsion majeure de l'après-guerre en France. Elle inspire les œuvres de Merleau-Ponty et de Sartre (voir chapitre 6), ancrées dans le courant existentielle qui renouvelle la pensée de la liberté à partir de la prise en compte de la condition humaine.

• À partir des années soixante : l'exploration structuraliste
Le structuralisme marque le paysage philosophique des années soixante et soixante-dix. C'est sans doute là une des originalités du panorama de la philosophie française contemporaine. Elle se ressource alors à la lecture d'ouvrages divers publiés à l'étranger dans les décennies précédentes : Freud (psychanalyse), Saussure (linguistique), Mauss et Malinowsky (ethnologie), Weber et

Simmel (sociologie). Les résultats théoriques défendus par ces sciences humaines bouleversent la réflexion philosophique sur l'homme et la société. Dans son sillage, des auteurs atypiques écrivent des œuvres remarquables : Gilles Deleuze (1925-1995), Michel Foucault (1926-1984), Jacques Derrida (1930-2004).

• Depuis les années quatre-vingt : questionnement du champ politique, du droit, de la morale
Enfin, à partir des années quatre-vingt, les événements de l'histoire – l'effondrement de l'URSS, la "fin des idéologies", la multiplication des génocides, les bouleversements sociaux – donnent progressivement plus de poids aux problématiques politiques et morales, auparavant captées par la problématique marxiste (Henri Lefebvre, 1901-1991, Louis Althusser 1918-1990, Cornelio Castoriadis, 1922-1997), renouvelées à partir d'œuvres aussi différentes que celles de Rawls ou d'Arendt (voir chapitres 10 et 11). La réflexion sur le droit, et sur les droits de l'homme en particulier, prend le pas sur la philosophie de l'histoire. Comme, en un sens, tout le XXᵉ siècle s'est bâti "contre" le rationalisme intégral et la philosophie de l'histoire de Hegel, une redécouverte de Kant marque également la période. L'avènement de la culture de masse et de la société de consommation amène des œuvres aussi diverses que celle de Guy Debord (1931-1994), Jean Baudrillard (1929-2007) et Gilles Lipovetsky (né en 1944). Claude Lefort (né en 1924) renouvelle la réflexion sur la démocratie.

Bergson : la vie en mouvement

▪ Une philosophie de la vie fondée sur l'intuition

À contre-courant de son époque, Bergson défend l'idée que la philosophie est une connaissance positive. Pour parvenir à cette connaissance, il faut se déprendre de l'intelligence commune du monde, essentiellement tournée vers l'action efficace, qui repose sur une perception tronquée de la réalité et n'en conserve que ce qui correspond à nos intérêts pragmatiques. La connaissance philosophique repose sur l'intuition :

« *Nous appelons ici intuition la sympathie par laquelle on se transporte à l'intérieur d'un objet pour coïncider avec ce qu'il a d'unique et par conséquent d'inexprimable.* »

Bergson, *La Pensée et le Mouvant*

La pensée est donc capable de saisir la réalité qui se donne dans les intuitions que nous pouvons en avoir. Sur cette compréhension de la philosophie, et à partir d'une réflexion sur la biologie, la physiologie et la théorie de l'évolution des espèces (Lamarck, Darwin), Bergson construit une philosophie de la vie originale.

L'intuition première est que tout est mouvement, changement, devenir universel. L'individu se développe de façon continue et ne cesse de changer, les espèces vivantes se transforment continûment, créant des variétés nouvelles, et même le monde matériel apparemment inerte est fait de mouvements de tous ordres. Un élan vital dynamise l'infinie lenteur de la matière afin de donner à l'évolution biologique le sens d'un processus créateur. L'univers est un « jaillissement ininterrompu de nouveautés » (*L'Évolution créatrice*). Pour Bergson, qui pense comme Héraclite que « tout s'écoule » (*Fragment A6*), le changement doit être pensé comme un enrichissement créateur perpétuel.

▪ Le temps comme dimension de l'être

Si tout est changement, la réalité est fondamentalement temporelle. C'est d'ailleurs un trait inédit et général de la philosophie contemporaine que d'abandonner la considération abstraite de la philosophie classique, qui ne tenait pas compte du temps dans la recherche de l'essence des choses, pour faire de la temporalité une véritable dimension de la réalité. Pour Bergson, indubitablement, le temps est la notion centrale qui rend compte de la vie. Il ne faut plus aborder la réalité *sub specie æterni* (sous l'angle de l'éternité) mais *sub specie durationis* (selon la perspective de la durée) :

« *Le temps est ce qui se fait, et même ce qui fait que tout se fait.* »

Bergson, *La Pensée et le Mouvant*

C'est pourquoi seule une critique du temps, tel que celui-ci est compris par la science moderne, permet de le distinguer de la durée. Le temps, tel que nous le comprenons communément, est une notion abstraite. Il est ce qui mesure quantitativement le mouvement d'un mobile le long de sa trajectoire. Ce temps objectif, ce temps des horloges est pensé comme une succession d'instants ponctuels et identiques : c'est un temps spatialisé. Or le "temps vrai" est la durée. Qu'est-ce que la durée ? C'est la réalité même du temps :

« Si je veux me préparer un verre d'eau sucré, j'ai beau faire, je dois attendre que le sucre fonde. »

Bergson, L'Évolution créatrice

La durée est une variation qualitative continue et irréversible. Elle est un phénomène concret que nous éprouvons effectivement par la conscience que nous avons de l'écoulement, du temps qui passe. Nous saisissons simultanément les trois dimensions du temps, le passé, le présent et le futur, dans le mouvement même de leur passage. Le temps n'est pas un cadre formel mais s'éprouve comme un contenu concret sans cesse changeant. Nous percevons l'essence du temps comme le déploiement d'une mélodie :

« La durée toute pure est la forme que prend la succession de nos états de conscience quand notre moi se laisse vivre, quand il s'abstient d'établir une séparation entre l'état présent et les états antérieurs. »

Bergson, Essai sur les données immédiates de la conscience

Le structuralisme et la crise du sujet

De même que l'existentialisme était dans l'air du temps dans l'immédiat après-guerre, le structuralisme domine les débats des années soixante / soixante dix. Par structuralisme, on entend une famille de pensées qui présentent entre elles certaines analogies. Néanmoins, cette "famille" n'est pas une école philosophique dûment constituée mais une pluralité de recherches poursuivies dans des domaines très différents du savoir. Au contact des sciences humaines – la linguistique, l'ethnologie et la psychanalyse principalement –, la philosophie trouve de quoi renouveler ses problématiques, notamment pour la question du sujet.

D'une manière générale, une conception du sujet n'est rien d'autre qu'une réponse à la question « Qu'est-ce que l'homme ? ». La conception rationaliste et humaniste répond que l'homme est un être à part parce qu'il est un esprit. Ainsi, il convient de distinguer l'univers naturel, les formes de vies animales et le monde humain. L'homme a une essence ou une nature universelle, une nature humaine qui ne varie pas selon les époques ou les cultures. Cette essence le différencie radicalement des autres êtres naturels et lui confère une dignité supérieure. L'homme pense, il a la raison. Comme être rationnel, il est capable de connaître le monde qui l'entoure. Parce qu'il pense, l'homme est un cogito au principe de ses pensées (le « je pense » de Descartes) par lesquelles il se représente la réalité. Il est aussi au principe de ses actes, qui relèvent d'une décision libre et autonome de sa volonté. L'homme est ainsi pensé comme un sujet – au sens de la souveraineté et non de l'assujettissement – souverain et conscient de lui-même comme du monde. C'est cette conception de l'être que le courant existentiel remettait déjà en question en cherchant à penser la vie concrète (voir chapitre 6) et que le structuralisme va mettre en crise.

■ Saussure : l'étude des structures linguistiques

Quoiqu'il n'emploie pas le terme de « structuralisme », Ferdinand de Saussure (1857-1913) est le linguiste en qui les penseurs structuralistes ultérieures reconnaîtront un fondateur. Dès 1916, son *Cours de linguistique générale* proposait d'étudier la langue pour elle-même afin de mettre au jour sa structure. À partir du couple signifiant-signifié, il conçoit la langue comme un ensemble de signes.

Signifiant et signifié

Le signifiant est la partie matérielle et sonore du signe linguistique (ou « image acoustique ») ; c'est la représentation physique du son. C'est ce qui porte la signification. Le signifié est la

© Groupe Eyrolles

définition commune ou le concept d'une chose visé par le mot. Une telle compréhension remet en cause la conception classique qui analysait le signe linguistique comme un symbole correspondant à une chose dans le monde. Le signifié n'est pas le référent (l'entité réelle désignée par le signifié) et le signe linguistique n'est pas un mot articulé à une chose mais un signifiant articulé à un signifié. La langue n'est pas un répertoire d'étiquettes correspondant à des choses dans le monde. À la lumière de cette nouvelle analyse du signe, elle se révèle plus complexe.

La langue comme système de signes

La conséquence immédiate de cette définition du signe linguistique est une nouvelle conception de la langue. La langue est une forme, c'est-à-dire un système organisé de relations entre des signes linguistiques qui en sont les unités minimales. Cela implique qu'un signe linguistique considéré isolément n'a ni sens ni pertinence. Ce sont les relations avec les autres mots (l'ensemble de ses différences donc) qui déterminent le sens d'un mot. Le signe est donc avant tout un élément conventionnel qui ne renvoie intrinsèquement ni à la pensée, ni à la sensation ou la perception du monde, c'est-à-dire à la réalité. La langue est comme "close" sur elle-même.

Langage, langue, parole

Le langage est la faculté humaine de communiquer des pensées par un système de signes. Il se réalise dans une langue – qui est l'objet propre de la linguistique. Ce qui est décisif ici est l'articulation entre la langue et la parole. Saussure définit la parole comme la réalisation individuelle de la langue ; elle est « l'acte de l'individu réalisant sa faculté de langage au moyen de la convention sociale qu'est la langue » (*Cours de linguistique générale*).

Mais la langue précède le sujet. Celui-ci ne peut s'exprimer qu'en actualisant un jeu de relations entre des signes et en respectant les règles à suivre pour effectuer de telles combinaisons – la syntaxe. Tel est le modèle de l'analyse structurale qui sera repris par d'autres penseurs pour renouveler d'autres disciplines.

Vous avez dit « arbitraire » ?

Cette déconnexion entre les mots et les réalités qu'ils dénotent s'exprime dans le rapport arbitraire qu'entretiennent le signifiant et le signifié. Avant de désigner un objet dans le monde, une réalité extra-linguistique, le signe unit deux aspects (signifié et signifiant) qui n'ont pas de lien entre eux. Par exemple, il n'y a pas de raison que la réalité ciel soit désignée par le mot « ciel » [sjel]. Dans une autre langue, le même signifié sera porté par un autre signifiant (par exemple « sky » en langue anglaise). Mais cette comparaison entre les langues est trompeuse car nous faisons ici comme si les signes linguistiques d'une langue correspondaient à des signes linguistiques strictement équivalents dans une seconde langue. L'expérience de la traduction nous prouverait le contraire : chaque signifié dépend de ses rapports avec les autres, de sorte qu'à la lettre la traduction est un exercice difficile, voire impossible, puisque les systèmes de signes que sont chaque langue diffèrent entre eux.

▪ Lévi-Strauss : la relation entre nature et culture

Qui est Claude Lévi-Strauss ? Né en 1908, il est ethnologue, anthropologue, philosophe, professeur au Collège de France et membre de l'Académie française. En s'inspirant du structuralisme de Saussure il fonda l'anthropologie structurale. Il fit de longues expéditions ethnologiques, notamment au Brésil. Sa compréhension des structures des groupes humains s'achève en une réflexion philosophique sur les rapports de la nature et de la culture.

La notion de structure

Dès le début de ses travaux, Lévi-Strauss fait siens les postulats de l'analyse structurale qu'il emprunte à la linguistique de Saussure pour l'appliquer à l'ethnologie et l'anthropologie. Il va s'agir de considérer les structures inconscientes à l'œuvre dans les relations sociales, au sein des groupes humains et de leurs institutions. Il faut reconnaître aux éléments qui composent ces structures une pertinence liée à leur position réciproque, c'est-à-dire qu'ils prennent sens selon les relations et les différences qu'ils entretiennent avec les autres éléments de la structure :

« Le principe fondamental est que la notion de structure sociale ne se rapporte pas à la réalité empirique, mais aux modèles construits d'après celle-ci. Ainsi apparaît la différence entre deux notions si voisines qu'on les a souvent confondues, je veux dire celle de structure sociale et celle de relations sociales. Les relations sociales sont la matière première employée pour la construction des modèles qui rendent manifeste la structure sociale elle-même. »

Lévi-Strauss, *Anthropologie structurale*

Des structures de la parenté aux mythes

Lévi-Strauss s'engage ainsi dans la compréhension des liens de parenté. Dans les sociétés qu'il étudie, le choix du conjoint est déterminé par le groupe tandis que la nécessité de l'union est dictée par la nature :

« La nature impose l'alliance sans la déterminer et la culture la reçoit pour en définir aussitôt les modalités. »

Lévi-Strauss, *Structures élémentaires de la parenté*

Par l'analyse, il parvient à faire apparaître les combinaisons entre les trois groupes concernés (groupe donneur, groupe receveur et groupe entier qui répartit les femmes) et les formes principales des structures de parenté (prohibition de l'inceste, mariage, parenté, c'est-à-dire polygamie, endogamie, exogamie).

Il en est de même pour les mythes qui doivent être considérés comme faisant partie d'une structure signifiante et composés d'éléments premiers (les mythèmes). Un mythe, c'est en fait l'ensemble des variations rencontrées, des différentes combinaisons des éléments qui le composent. L'analyse structurale est relativement indifférente au contenu (actions, personnages, sentiments) des histoires racontées dans les mythes : « J'ai voulu montrer que des qualités sensibles très élémentaires et très négligées (l'opposition entre le cuit et le cru, le frais et le pourri, le haut et le bas) étaient utilisées par la pensée mythique comme autant de jetons symboliques qui peuvent être indifféremment distribués » (entretien avec *Le Monde*) dans les mythes selon une certaine logique d'ensemble. Le mythe est un système symbolique délivrant par sa structure une vérité concernant l'expérience humaine, la vie sociale et la nature.

Vous avez dit « anthropologie et humanisme » ?

La découverte de la complexité de la pensée mythologique aboutit chez Lévi-Strauss à une réhabilitation des sociétés des peuples premiers que le regard occidental qualifie – faussement – d'« archaïques ». Refusant l'ethnocentrisme, qui consiste à ériger sa propre culture en critère pour juger des autres, Lévi-Strauss puise dans la "pensée sauvage" une leçon d'humanisme qui « place le monde avant la vie, la vie avant l'homme, le respect des autres êtres avant l'amour-propre » (*L'Origine des manières de table*).

Lévi-Strauss défend un humanisme non occidental qui ne se centre plus sur le sujet rationnel classique et réintègre l'homme dans la nature. Il faut lire l'éloge de la diversité et la pluralité humaines dans *Race et histoire* (1952).

■ L'émergence d'une part inconsciente chez le sujet

Freud : la découverte de l'inconscient

La psychanalyse était déjà une critique radicale du sujet. L'analyse des actes manqués prouvait, pour Freud (*Psychopathologie de la vie quotidienne*, 1904), que la conscience du sujet et sa maîtrise étaient débordées par des processus inconscients qu'il était possible de repérer et d'interpréter. Autrement dit, un ensemble de pseudo-actes (un oubli sans motif, une langue qui fourche), que la psychologie considérait comme des non-actes absurdes ou des défaillances irrationnelles, devenaient signifiants. Ils étaient bien des "actes" mais ceux d'un "sujet" défaillant, ne se maîtrisant pas et ignorant cela même que pourtant il disait ou faisait. La psychanalyse – ou "psychologie des profondeurs" – porta au cœur du sujet une inquiétante étrangeté. Le Moi n'était plus maître dans sa propre maison. Ce qui était censé être le plus familier au cogito – lui-même – était englouti dans des eaux inconnues.

Tournée vers la compréhension des affections laissées inexpliquées par la médecine – les névroses, les psychoses – et un but thérapeutique, l'œuvre de Freud découvre l'inconscient et porte un coup à la conception classique du sujet. Dès lors, la position de sujet ne décrit plus un fait mais une tâche, la subjectivité ayant à devenir un sujet en se réappropriant – par la cure psychanalytique – sa part inconsciente, résultat de son éducation et de sa culture. Selon la formule de Freud :

« Là où le Ça *était, le* Je *doit advenir. » (« Wo Es war, soll Ich werden »)*

Freud, *Introduction à la psychanalyse*

La relecture de Lacan

Jacques Lacan (1901-1981), psychiatre et psychanalyste, se propose de relire l'œuvre de Freud à partir d'une analyse structurale de l'inconscient. Son œuvre essentiellement orale est accessible dans des recueils d'articles (*Écrits*, 1966) et dans les séminaires qu'il mena de 1953 à 1979.

« Notre doctrine se fonde sur le fait que l'inconscient a la structure radicale du langage, qu'un matériel y joue selon des lois qui sont celles que découvre l'étude des langues. »

Lacan, *Écrits*

Autrement dit, il faut partir du fait que l'inconscient est tissé par le langage, qu'il est langage.

L'inconscient est langage

Or, à suivre Saussure, le réseau des signifiants détermine les signifiés comme la langue détermine la parole. Les mécanismes de l'inconscient peuvent donc être abordés comme ceux du langage : la métaphore (condensation, substitution) et la métonymie (déplacement, combinaison) expliquent les symptômes et les affections psychanalytiques. La guérison supposera de rétablir les chaînes signifiantes de l'histoire du patient jusqu'à un signifiant premier. Lacan en vient à redéfinir l'inconscient comme « partie du discours concret en tant que transindividuel, qui fait défaut à la disposition du sujet pour rétablir la continuité de son discours conscient » (*Écrits I*, 1966).

Foucault : l'analyse des rapports de pouvoir

L'œuvre de Foucault (1926-1984) remet en question les postulats de la philosophie classique. Se déprenant d'une conception de l'histoire universelle, il soutient qu'il existe des histoires hétérogènes et discontinues. Ce point de départ engage l'étude des conditions *a priori* du savoir qui se déploie à une époque, une archéologie des conditions de possibilités des sciences, ce que Foucault nomme une épistémé :

« Par épistémé, on entend l'ensemble des relations pouvant unir, à une époque donnée, les pratiques discursives qui donnent lieu à des figures épistémologiques, à des sciences. »

Foucault, *Archéologie du savoir*

Il montre ainsi le caractère historique de l'idée d'homme qui accompagne les sciences humaines émergant au XIXe siècle. Il double cette enquête d'une recherche des rapports qui existent entre les institutions du savoir et les effets de pouvoir qu'elles induisent :

« Savoir et pouvoir s'impliquent directement l'un l'autre. Il n'y a pas de relation de pouvoir sans constitution corrélative d'un champ de savoir, ni de savoir qui ne constitue en même temps des relations de pouvoir. »

Foucault, *Archéologie du savoir*

Foucault met ainsi au jour la solidarité qui existe entre l'émergence des sciences humaines, de la psychiatrie, le développement de la médecine et l'assujettissement des individus à une société disciplinaire par un fin réseau de normes, de codes et de contrôles. Ce faisant, Foucault approfondit la notion de pouvoir :

« Par pouvoir, je ne veux pas dire "le pouvoir" comme ensemble d'institutions et d'appareils qui garantissent la sujétion des citoyens dans un État donné. Par pouvoir, je n'entends pas non

© Groupe Eyrolles

plus un mode d'assujettissement qui, par opposition à la violence, aurait la forme de la règle [...] par pouvoir, il me semble qu'il faut comprendre la multiplicité des rapports de force qui sont immanents au domaine où ils s'exercent. »

Foucault, *La Volonté de savoir*

Le pouvoir est ainsi pensable comme une relation, un mode d'action de certains sur d'autres, et cette compréhension de la notion permet d'analyser les rapports de pouvoirs dans des domaines divers qui excèdent l'étude du pouvoir dans les institutions d'un État.

Gilles Deleuze et le désir joyeux

Philosophe original à plus d'un titre (il est le premier à proposer par exemple une réflexion philosophique sur le cinéma), professeur – notamment à l'université de Paris-VIII Vincennes entre 1969 et 1987 – Gilles Deleuze (1925-1994) marque profondément la philosophie française. Critiquant l'idée de dialectique de Hegel, qui emprisonne le réel dans les constructions déductives de la raison, Deleuze défend l'idée d'une philosophie créative, et de fait ses créations de concepts seront nombreuses. Dans le sillage de la pensée de Nietzsche et de Foucault, Deleuze élabore une philosophie du désir à partir d'une critique des conceptions qui réduisent celui-ci au manque ou au phantasme psychanalytique. Le désir, joyeux, est production de la réalité (*L'Anti-Œdipe*).

Bibliographie

Découvrir les auteurs

Henri BERGSON, *L'Évolution créatrice*, PUF, 2007.

Henri BERGSON, *Cours*, 3 vol., PUF, 1990.

Guy DEBORD, *La Société du spectacle*, Gallimard, 1996.

Gilles DELEUZE et Claire PARNET, *Dialogues*, Flammarion, 1977.

Michel FOUCAULT, *La Pensée du dehors*, Fata morgana, 1986.

Michel FOUCAULT, *Les Mots et les Choses*, Gallimard, 1994.

Jacques LACAN, *Écrits*, Éd. du Seuil, 1999.

Claude LÉVI-STRAUSS, *La Pensée sauvage*, Plon, 1990.

Claude LÉVI-STRAUSS, *Race et histoire*, Gallimard, 2007.

Ferdinand de SAUSSURE, *Cours de linguistique générale*, Payot, 1995.

Approfondir par la lecture d'études

Alain BADIOU, *Petit Panthéon portatif*, La Fabrique éditions, 2008.

Gilles DELEUZE, *Le Bergsonisme*, PUF/Quadrige, 2004.

Françoise GADET, *Introduction à la linguistique de Saussure*, Payot, 1997.

Frédéric GROS, *Michel Foucault*, PUF, « Que sais-je ? », 1996.

Bertrand OGILVIE, *Lacan. Le Sujet*, PUF, 1993.

Lucien SCUBLA, *Lire Lévi-Strauss*, Odile Jacob, 1998.

Hélène VÉDRINE, *Le Sujet éclaté*, Le Livre de Poche, 2000.

Frédéric WORMS, *La Philosophie en France au XXe siècle*, Folio/Essais, 2009.

François ZOURABICHVILI, *Deleuze, une philosophie de l'événement*, PUF, 1994.

« La philosophie en France au XXᵉ siècle » en questions

Qui l'a dit ?

1. « Là où le Ça était, le Je doit advenir. »

2. « La nature, c'est tout ce qui est en nous par hérédité biologique ; la culture, c'est au contraire, tout ce que nous tenons de la tradition externe et enfin, la culture ou la civilisation, c'est l'ensemble des coutumes, des croyances, des institutions telles que l'art, le droit, la religion, les techniques de la vie matérielle, en un mot, toutes les habitudes ou aptitudes apprises par l'homme en tant que membre d'une société. Il y a donc là deux grands ordres de faits, l'un grâce auquel nous tenons à l'animalité par tout ce que nous sommes, du fait même de notre naissance et des caractéristiques que nous ont léguées nos parents et nos ancêtres, lesquelles relèvent de la biologie, de la psychologie quelques fois ; et d'autre part, tout cet univers artificiel qui est celui dans lequel nous vivons en tant que membres d'une société. L'ethnologie ou, au sens large, l'anthropologie, essaie de faire, dans l'ordre de la culture, la même œuvre de description, d'observation, de classification et d'interprétation, que le zoologiste ou le botaniste le fait dans l'ordre de la nature. »

3. « Pour certaines personnes, la langue, ramenée à son principe essentiel, est une nomenclature, c'est-à-dire une liste de termes correspondant à autant de choses. Cette conception est criticable à biend des égards. »

4. « La philosophie, plus rigoureusement, est la discipline qui consiste à créer des concepts. »

Auteurs :

A. Freud

B. Lacan

C. Lévi-Strauss

D. Deleuze

E. Saussure

QCM

1. Pour Bergson, l'essence du temps, c'est...

A. la profondeur.

B. une ligne qui va du passé au futur.

C. la seconde.

D. la durée.

2. Le structuralisme, c'est...

A. une philosophie des structures politiques.

B. une philosophie des structures du sujet.

C. une philosophie qui étudie les phénomènes à partir de la notion de structure.

D. une philosophie des structures linguistiques.

3. Pour Saussure, un signe linguistique réunit...

A. un mot et une chose.

B. plusieurs mots.

C. un signifiant et un signifié.

D. des significations.

4. Pour Lacan, l'inconscient est...

A. une métaphore.

B. structuré comme un langage.

C. une métonymie.

D. une illusion.

5. Le structuralisme remet en cause...

A. la notion de langage.

B. les mythes traditionnels.

C. la psychanalyse.

D. la notion traditionnelle de sujet.

Réponses en page 197.

Annexes

Réponses aux questionnaires

Les réponses sont données sous la forme « numéro de question/ citation/mot manquant : numéro de réponse ».

■ « S'orienter dans la philosophie contemporaine » en questions

Qui l'a dit ?
1 : A
2 : E
3 : C

QCM
1 : C
2 : B, C, D
3 : B, C

■ « Épistémologie, sciences et philosophie » en questions

Qui l'a dit ?
1 : A
2 : A
3 : E
4 : B

QCM
1 : C
2 : A
3 : A, B
4 : B

5 : C
6 : B, D

■ « Logicisme et philosophies analytiques » en questions

Qui l'a dit ?
1 : E
2 : E
3 : B
4 : B
5 : A

QCM
1 : C
2 : B
3 : A, B
4 : C
5 : B, D

■ « La phénoménologie de Husserl » en questions

QCM
1 : C
2 : D
3 : B, C
4 : B

Le mot manquant
1 : naïve
2 : donné

■ « Heidegger, l'existence et l'être » en questions

QCM
1 : C
2 : A
3 : C, D
4 : A, D
5 : C

Le mot manquant
1 : *Dasein*
2 : mort
3 : mort

■ « Le courant existentiel » en questions

Le mot manquant
1 : science
2 : la vie humaine

Qui l'a dit ?
1 : D
2 : E
3 : D
4 : C
5 : A

QCM
1 : B, D
2 : C
3 : B, C

« Le courant herméneutique » en questions

Qui l'a dit ?
1 : A
2 : D
3 : D

QCM
1 : B, D
2 : C
3 : D

Le mot manquant
1 : historique
2 : sciences de la nature
2 : herméneutique

« Le pragmatisme » en questions

QCM
1 : B
2 : B
3 : A, B
4 : A

Qui l'a dit ?
1 : D
2 : B
3 : A

« L'irruption de la technique » en questions

Qui l'a dit ?
1 : B
2 : A

QCM

1 : A
2 : A, B, D
3 : A, C
4 : A, D

Le mot manquant

1 : homme
2 : technique
3 : machines
4 : obsolète
5 : honte
6 : honte
7 : honte
8 : honte

« Une réflexion morale renouvelée » en questions

Qui l'a dit ?

1 : B
2 : A
3 : C
4 : C

QCM

1 : A, C
2 : B
3 : C
4 : B
5 : D

« La philosophie politique au miroir de l'histoire » en questions

Qui l'a dit ?

1 : E
2 : B
3 : C
4 : A

QCM

1 : C
2 : A, D
3 : C
4 : D
5 : C

■ « La philosophie française au XXᵉ siècle » en questions

Qui l'a dit ?

1 : A
2 : C
3 : E
4 : D

QCM

1 : D
2 : C
3 : C
4 : B
5 : D

Tableau synoptique

Époques	Événements politiques	Culture et technique	Courants philosophiques	
1900-1914 : La Belle Epoque	1904-1905 : guerre russo-japonaise (victoire du Japon) 1905 : loi de séparation Église-État en France ; première révolution russe 1906 : réhabilitation de Dreyfus.	Deuxième révolution industrielle 1900 : Exposition universelle (Paris) ; début de la peinture cubiste Apparition du cinéma, du téléphone, du gramophone Développement du moteur à explosion (automobile) Progrès médicaux (vaccin) 1907 : Blériot traverse la Manche. 1910 : peinture abstraite 1911 : Amundsen atteint le pôle Sud, dernier point de la Terre à être découvert. 1912 : naufrage du Titanic	1900-1920 : logicisme ; renouvellement de la logique et de l'ontologie Frege (1848-1903) Sens et référence (1892) Les Lois fondamentales de l'arithmétique (1903) Russell (1872-1970) De la dénotation (1905) Principes des mathématiques (1903) Principia mathematica (1910, avec Whitehead) Moore (1873-1958) La Méthode scientifique en philosophie (1914)	1900-1910 : épistémologie : théories et réflexions sur la science contemporaine Mach (1838-1916) La Connaissance et l'Erreur (1905) Duhem (1861-1916) La Théorie physique (1906) 1900-1930 : pragmatisme (philosophie américaine) : critique de l'idéalisme et nouvelle conception de la vérité Peirce (1839-1914) James (1842-1910) Dewey (1859-1952) F.C.S. Schiller (1864-1937) 1910-1940 : phénoménologie : critique du positivisme scientifique et tentative de fonder la vérité par l'analyse du rapport de l'homme au monde Husserl (1856-1938) Recherches logiques (1910-1911) La Phénoménologie comme science rigoureuse (1911) Idées directrices pour une phénoménologie (1913) Qu'est-ce que la phénoménologie ? (1929) Méditations cartésiennes (1929) La Crise des sciences européennes et la Phénoménologie transcendantale (1936)
1914-1918 : Première Guerre mondiale	9 millions de morts et 8 millions d'invalides ; fin de l'hégémonie européenne 1915-1916 : génocide arménien (environ 1,2 million de morts) 1916 : bataille de Verdun (300 000 morts) 1917 : révolution bolchévique 1919 : traité de Versailles ; guerre civile allemande (assassinat des spartakistes Liebknecht et Luxemburg)	Développement des armes modernes : gaz asphyxiants, chars d'assaut, sous-marins		1910-1920 : linguistique structurale Saussure (1857-1913) Cours de linguistique générale (1916)

…/…

© Groupe Eyrolles

..../...

Époques	Événements politiques	Culture et technique	Courants philosophiques
Les Années folles	1920 : Atatürk instaure la république en Turquie. Première assemblée de la Société des nations Développements des conflits dans les colonies (Gandhi en Inde) 1922 : Mussolini marche sur Rome (début du régime fasciste en Italie) 1922-1923 : guerre civile en Irlande 1924 : Staline succède à Lénine.	1926 : début de la télévision 1929 : cinéma parlant	**1910-1950 : première philosophie analytique :** dans le fil du positivisme logique et du logicisme, la philosophie analytique critique la prétention de la philosophie à proposer une connaissance du monde, tâche qui revient à la science, et lui assigne la finalité critique du langage à partir de l'analyse logique de ses énoncés. Russell (1872-1970) *Philosophie de l'atomisme logique* (1918) Wittgenstein (1889-1951) *Tractatus logico-philosophicus* (1921) Moore (1873-1958) *Quelques problèmes fondamentaux de philosophie* (1953) Goodman (1906-2000) *Faits, fictions et prédiction* (1954) Davidson (1917-2003) *Essai sur les actions et les évènements* (1980) Putnam (1926-) *Les significations ne sont pas dans la tête* (1975) *Raison, vérité et histoire* (1981) Dummett (1925-) *La vérité et autres énigmes* (1978)
Les années trente	1929 : « jeudi noir » à Wall Street (début de la crise économique mondiale) 1930 : Staline ouvre le Goulag. 1933 : Hitler au pouvoir 1935 : lois de Nuremberg 1936 : Front populaire en France ; début de la guerre civile espagnole 1937 : Nuit de cristal (novembre) 1937-1938 : guerre sino-japonaise : massacre de Nankin. Déportations de masse en URSS : le régime devient totalitaire	Développement de la radio, de l'aviation.	

..../...

…/…

Époques	Événements politiques	Culture et technique		Courants philosophiques	
1939-1945 : Seconde Guerre mondiale	Le plus vaste conflit que l'humanité ait connu (62 millions de morts ; des millions de déplacés) **Hiver 1941-1942** : début de la construction du camp d'Auschwitz et conférence de Wannsee. La dictature nazie devient totalitaire. L'Allemagne attaque la Russie soviétique. **1943 (février)** : fin de la bataille de Stalingrad **1944** : conférence de Bretton Woods (instauration d'un nouveau système monétaire international) **1945** : capitulation de l'Allemagne ; bombardement d'Hiroshima et de Nagasaki ; capitulation du Japon et fin de la guerre **1945** : IVᵉ République en France	**1941** : premier ordinateur (le Z3 allemand) **1945** : premier essai nucléaire (projet Manhattan)		**Tournant existentiel de la phénoménologie** : à partir d'une critique de l'objectivité scientifique, compréhension de l'existence humaine Jaspers (1883-1969) *Philosophie* (1932) *La Culpabilité allemande* (1946) *La Bombe et l'Avenir de l'humanité* (1958) Sartre (1905-1980) *La Transcendance de l'ego* (1936) *L'imaginaire* (1940) *L'Être et le Néant* (1943) *Critique de la raison dialectique* (1960) Merleau-Ponty (1908-1961) *La Structure du comportement* (1942) *Phénoménologie de la perception* (1945) *Humanisme et terreur* (1947) *Les Aventures de la dialectique* (1955) *Le Visible et l'Invisible* (1964)	

…/…

© Groupe Eyrolles

.../...

Époques	Événements politiques	Culture et technique	Courants philosophiques	
L'après-guerre et la guerre froide	1948 : l'Onu adopte la Déclaration universelle des droits de l'homme ; proclamation de l'État d'Israël. 1950 : début de la guerre de Corée 1953 : mort de Staline 1954 : fin de la guerre d'Indochine ; début de la guerre d'Algérie 1955 : conférence de Bandung (émergence de la notion de tiers-monde) et décolonisation 1956 : Khrouchtchev dénonce les crimes staliniens ; répression de l'insurrection de Budapest (novembre) 1958 : Ve République en France 1961 : procès d'Eichmann en Israël ; mur de Berlin 1962 : crise de Cuba. 1964 : début de la guerre du Vietnam 1967 : guerre des Six Jours 1968 : événements de mai 68 1971 : rupture des accords de Bretton Woods 1972 : Brejnev et Nixon signent les accords Salt. 1973 : guerre du Kippour ; crise économique (premier choc pétrolier) 1975 : légalisation de l'avortement en France 1979 : République islamiste en Iran (Khomeiny) ; crise économique mondiale (deuxième choc pétrolier) 1981 : Mitterrand président de la République française 1982 : abolition de la peine de mort en France 1989 : chute du Mur de Berlin et démantèlement du « rideau de fer » en Europe de l'Est	1952 : première bombe H américaine 1954 : pilule contraceptive 1960 : première bombe atomique française 1961 : Gagarine, premier homme dans l'espace 1969 : Armstrong marche sur la Lune 1971 : premier microprocesseur 1983 : premiers organismes génétiquement modifiés (OGM) 1988 : création de l'entreprise Google	**1950 : seconde philosophie analytique** (philosophie du langage ordinaire) : critique de l'ambition de fonder et normer logiquement le langage et analyse des usages du langage ordinaire Wittgenstein (1889-1951) *Cahier bleu et cahier brun* (1933-1935) *Investigations philosophiques* (1936-1939) Quine (1908-2000) *Le Mot et l'Objet* (1960) Austin (1911-1960) *Quand dire c'est faire* (1952) Searle (né en 1932) *Les Actes de langage* (1972)	**1950-1980 : la question de la technique :** philosophie qui prend la mesure de la condition humaine contemporaine Ellul (1912-1994) *La Technique ou l'Enjeu du siècle* (1954) Anders (1902-1992) *L'Obsolescence de l'homme* (1956) *Avoir détruit Hiroshima* (1962) *Nous, fils d'Eichmann* (1964) Jonas (1903-1993) *Le Principe responsabilité* (1979).

.../...

...∕...

Époques	Événements politiques	Culture et technique	Courants philosophiques	
Période contemporaine	**1990-1991** : guerre du Golfe (première guerre d'Irak) **1991** : dissolution de l'URSS **1992** : accords de Maastricht (création de l'Union européenne) ; guerre civile yougoslave (génocide bosniaque) **1994** : génocide tutsi (800 000 morts) **1995** : guerre du Kosovo **1997** : traité d'Amsterdam ; conférence de Kyoto **1998** : essais nucléaires indiens et pakistanais **2001** : attentats du World Trade Center (Al-Qaïda) ; début de la guerre d'Afghanistan **2003** : seconde guerre d'Irak **2007** : début de la crise des subprimes **2008** : crise économique mondiale ; Obama Président des États-Unis.	**1991** : développement du World Wide Web **1992** : développement du téléphone portable 1**996** : premier clonage (brebis Dolly). **1997** : l'ordinateur « Deep Blue » d'IBM bat Garry Kasparov, champion du monde d'échecs.		**1980-2000** : *néo-pragmatisme* Rorty (1931-2007).

Index

Liste des auteurs cités

A

ADORNO, Theodor (1903-1969) 161, 162, 174

AGAMBEN, Giorgio (né en 1942) 11

ALAIN (1868-1951) 37, 174, 178, 190

ALTHUSSER, Louis (1918-1990) 159, 160, 179

ANDERS, Günther (1902-1992) 136, 137, 138, 140, 142, 148, 178

ARENDT, Hannah (1906-1975) 19, 67, 75, 79, 87, 89, 136, 147, 148, 149, 150, 151, 152, 164, 165, 166, 167, 168, 174, 178, 179

ARISTOTE (384-322 av. J.-C.) 23, 33, 43, 48, 54

ARON, Raymond (1905-1983) 92, 158, 174

AUSTIN, John Langshaw (1911-1960) 45, 58, 62, 63

B

BACHELARD, Gaston (1884-1962) 13, 24, 25, 35, 36, 37, 38, 39, 135, 159, 178

BADIOU, Alain (né en 1937) 10, 152, 190

BALIBAR, Étienne (né en 1942) 160, 174

B

BAUDRILLARD, Jean (1929-2007) 179

BEAUFRET, Jean (1907-1982) 79, 85

BEAUVOIR, Simone de (1908-1986) 92, 174

BEBEL, August (1840-1913) 49

BELAVAL, Yvon (1908-1988) 9

BENJAMIN, Walter (1892-1940) 161

BERGSON, Henri (1859-1941) 178, 179, 180, 181, 189

BOHR, Niels (1885-1962) 25

BRADLEY, Francis Herbert (1846-1924) 50

BRENTANO, Franz (1938-1917) 69

BROGLIE, Louis de (1892-1987) 25

BROUWER, Luitzen Egbertus Jan (1881-1966) 55

BRUNSCHVICG, Léon (1869-1944) 178

C

CANGUILHEM, Georges (1904-1995) 178

CARNAP, Rudolf (1891-1970) 26, 27, 28, 30, 32

CASSIRER, Ernst (1874-1945) 136

CASTORIADIS, Cornélius (1922-1997) 160, 174, 179

J

JAMES, Karl (1883-1969) 122, 123, 125, 126, 127
JANKÉLÉVITCH, Vladimir (1903-1985) 151, 152
JASPERS, Karl (1883-1969) 14, 87, 88, 89, 90, 91, 101, 116
JONAS, Hans (1903-1993) 139, 140

K

KANT, Immanuel (1724-1804) 15, 44, 45, 74, 79, 144, 179
KIERKEGAARD, Sören (1813-1855) 87, 88
KLEMPERER, Victor (1881-1960) 168
KOYRÉ, Alexandre (1892-1964) 67
KUHN, Thomas Samuel (1922-1996) 32, 33, 34, 39
KYMLICKA, Will 174

L

LAGNEAU, Jules (1851-1894) 178
LAMARCK, Jean-Baptiste (1744-1829) 180
LAVOISIER, Antoine Laurent de (1743-1794) 24, 33, 37
LE DANTEC, Félix (1869-1917) 29
LEFEBVRE, Henri (1901-1991) 179
LEFORT, Claude (né en 1924) 160, 174, 179
LÉVINAS, Emmanuel (1906-1996) 85, 151, 152, 177
LIEBKNECHT Wilhelm (1826-1900) 49
LIPOVETSKY, Gilles (né en 1944) 179
LOCKE, John (1632-1704) 43
LÖWITH, Karl (1897-1913) 67
LUKÁCS, Georg (1885-1971) 92

LYELL, Sir Charles (1797-1875) 33
LYOTARD, Jean-François (1924-1998) 16

M

MACH, Ernst (1838-1916) 27
MACHIAVEL, Nicolas (1469-1527) 159
MALINOWSKY, Bronis_aw (1884-1942) 178
MARCUSE, Herbert (1898-1979) 161
MARION, Jean-Luc (né en 1946) 76
MARX, Karl (1818-1883) 92, 97, 133, 134, 156, 159, 160, 162
MAUSS, Marcel (1872-1950) 178
MEAD, George Herbert (1863-1931) 127
MENDEL, Gregor (1822-1884) 25
MERLEAU-PONTY, Maurice (1908-1961) 20, 67, 75, 76, 87, 92, 97, 98, 99, 100, 101, 178
MILL, John Stuart (1806-1873) 172
MONTESQUIEU, Charles-Louis de Secondat (1689-1755) 165
MOORE, George Edward (1813-1958) 49, 50
MORES, George Edward (1813-1958) 143
MORGAN, Thomas (1866-1945) 25

N

NEURATH, Otto (1882-1945) 25
NEWTON, Isaac (1643-1727) 24, 25, 33
NIETZSCHE, Friedrich Wilhelm (1844-1900) 71, 79, 84, 85, 89, 106, 189
Nihilisme 85
NIZAN, Paul (1905-1940) 92

Table
des matières